E. M. LANG **Kühler Opernball**

F. J. Strauß: „Mei, san dö Weana fad . . .“

Vor Ort in Wien ...

Beide Illustrationen sind ein Beispiel, wie eine gewisse Presse in Deutschland sich den schwelenden Konflikt zunutze macht und auch vor höchsten Repräsentanten des bayerischen Freistaates nicht haltmacht.

... und die Heimkehr nach München.

Medizinalrat Gauweiler: „Sie kommen aus Österreich? Da ist ein Aidstest fällig!“

SZ-Zeichnung: E. M. Lang

Hans-Georg Behr

Die österreichische Provokation

Die Bundesrepublik Deutschland und der Freistaat Bayern in den Fängen des Doppeladlers

Verlag Moos & Partner

Zur Person des Verfassers: bis 1971 – Hörspiele, Theaterstücke, satirische Bücher, *Die Zeit;* bis 1974 – Redaktion *stern;* bis 1978 – Kolumnen im *Spiegel;* seither »freier« Autor; Bücher: *Söhne der Wüste,* Düsseldorf 1975; *Nepal – Geschenk der Götter,* Düsseldorf 1976; *Die Moguln,* Düsseldorf 1979; *Weltmacht Droge,* Düsseldorf 1980 (Neubearbeitung 1984); *Von Hanf ist die Rede,* Basel 1982; *Alles Kohl,* Reinbek 1982; *Charakter-Köpfe – der Fall F.X. Messerschmidt* (zusammen mit Herbert Grohmann und Berd Olaf Hagedorn), Weinheim 1983; *Die Tolldreisten Geschichten von Onkel Tompa,* Basel 1983; *Drogenpolitik in der BRD* (mit Andreas Juhnke im Auftrag der Grünen), Reinbek 1985; *Organisiertes Verbrechen,* Düsseldorf 1985; *Unsere Unterwelten,* Frankfurt 1986; *Der Kindergarten der Bedeutung – Rituale der Politik,* Frankfurt 1987.

Hans-Georg Behr,
dem Genuß seiner Leibspeise entgegenfiebernd.

Zur Umschlagabbildung

Da der über Jahrhunderte schwärende Konflikt zwischen Deutschen und Österreichern sich zum überwiegenden Teil in der k.u.k.-Zeit abspielte, wurde bewußt auf den Doppeladler zurückgegriffen.

CIP-Kurztitelaufnahme der Deutschen Bibliothek

Behr, Hans-Georg:
Die österreichische Provokation: d. Bundesrepublik Deutschland u. d. Freistaat Bayern in d. Fängen d. Doppeladlers/Hans-Georg Behr. – 2., erg. u. überarb. Aufl. – Gräfelfing: Moos, 1987.

8032 Gräfelfing, Rottenbucherstraße 30

ISBN 3-89164-064-1

INHALT

Militante, bis an die Zähne bewaffnete österreichische Kernkraftgegner fordern im Sommer 1986 im Zuge der Wackersdorf-Kampagne die Kapitulation Bayerns.

Sommermanöver Lapschies

VORWORT

Die Zeichen der Zeit stehen für alle, die sie lesen können, auf Sturm – unsere Republik, dieser traurig deutsche Rest mit nie wirklich aufgegebenem Alleinvertretungsanspruch, wird wieder einmal von jener Macht aus dem Osten bedroht, von der seit je ihr Unheil ausging. Selbst die wackeren Bayern, seit Urzeiten von der Vorsehung berufene Schirmherren all dessen, was sie und nur sie als deutsche Werte verstehen, können diese Gefahr nur unter Aufbietung ihrer allerletzten Kräfte abwehren, und ob sie das wirklich können, steht auch noch dahin – der Feind ist tückisch, überlebensgroß und unersättlich.

An letzterem Punkt versuchte ihn unser eidesstattlicher Innenminister Zimmermann zu treffen, als er in seine Höhle reiste und damit drohte, sein Territorium für deutsche Touristen off limits zu erklären. Und was geschah? Die kalte Androhung einer Annexion – laut dpa vom 19. September 86 erklärte sich ein Linzer Gericht für zuständig, über das Herzstück deutscher Kraft und deutschen Strahlens, Wackersdorf eben, frecherdings entscheiden zu können. Das kann kein Witz sein, zumal sich am selben Tag Joachim Kaiser zur Lage des deutschen Humors äußerte. Das ist auch keiner, sondern nur ein weiterer heimtückischer Versuch, die Axt an die Wurzeln deutschen Wesens zu legen.

Es ist die Gefahr aus dem Osten, die uns seit je bedroht. Ein Gespenst geht um in Europa, es erschreckt unseren FJS und es hat einen Namen: Österreich. Die österreichische Herausforderung ist schrecklicher als Dollarkrise, Atomraketen, Reagen und selbst Iwan – sie geschieht laufend, auf allen Gebieten und schleichend. Glücklicherweise spielte uns, was im Verlagsgeschehen der Zufall genannt wird, ein Dokument in die Hände, das sich nur vordergründig als hintergründige Liebeserklärung an Österreich tarnt. In Wahrheit berichtet es schonungslos und mit geradezu Kohl'scher Offenheit von der ständigen Bedrohung unserer Republik durch den Erbfeind.

Dieses Werk wird uns die Augen aufreißen, die wir lächelnd über das bayerische Sommerspektakel anläßlich Wackersdorf geschlossen haben. Es ist ja kein Zufall, daß sich österreichische Müslis und Geistliche mit den stets preußischen Chaoten verbündet haben, das weißblaue Paradies in einer Welle der Gewalt zu ersäufen. Nein, hier waltet ein uralter Plan, und mit Bayern soll nur das Bollwerk des Abendlandes vernichtet werden, um auch dann noch seinen Rest zu austrifizieren. Hier werden minutiös nicht nur die Protokolle der Weisen vom Café C. berichtet, sondern auch die psychologischen und historischen Grundlagen des österreichischen Omnipotenzwillens ausgebreitet.

Die österreichische Herausforderung bedroht uns alle, und unsere Republik kommt nicht so einfach davon wie die Schweizer, die dem Alpenland, um Schlimmeres zu verhindern, diesen Sommer den in Formalin eingelegten Kopf des Sissy-Mörders überließen. Mit der Besetzung der Zugspitze fing es an, mit der Zerschmetterung deutscher Energie geht's weiter – es ist eins vor zwölf, höchste Zeit für dieses Buch!

Der Verfasser

TEXT- UND DOKUMENTEN-TEIL

MOTTO

Denk' ich an Österreich in der Nacht,
dann bin ich um den Schlaf gebracht.

HEINRICH HEINE »NACHTGEDANKEN«

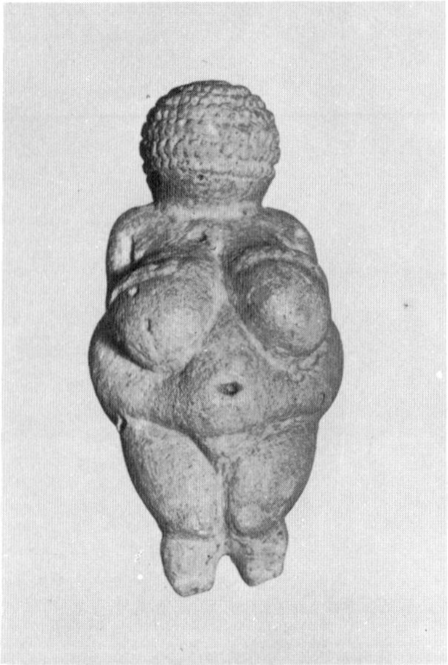

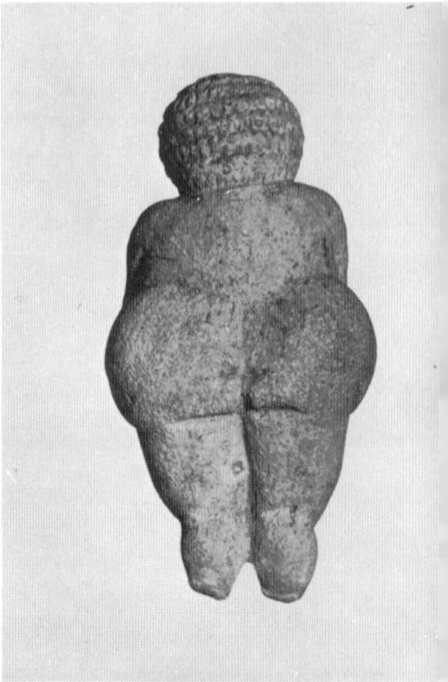

Sogenannte Venus von Willendorf, Jungpaläolithikum, Kalkstein, Höhe 11 cm, Wien, Naturhistorisches Museum.

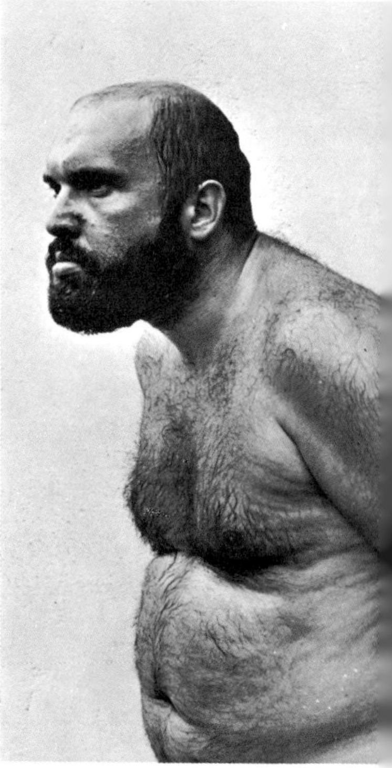

ÖSTERREICHISCHES
SCHÖNHEITSIDEAL
IM WANDEL DER
JAHRZEHNTAUSENDE

Homo Austriacus Salzburgiensis der Jetztzeit, Höhe 189 cm.

ZUR PHÄNOMENOLOGIE DES ÖSTERREICHISCHEN CHARAKTERS

Wenn man die hier noch nicht überschaubaren Ergebnisse bedenkt, wird es niemanden wundernehmen, daß die Austrologie eine ebenso geheime wie auch von ihren Forschungsobjekten fanatisch sabotierte Wissenschaft sein muß, würde sie doch ein schlagartiges Licht auf alle Phänomene werfen, die einem sonst nur ratenweise aufglimmen. So aber müssen auch wir uns damit begnügen, die dunkel drohende amorphe Masse Österreich quasi mit einem Tschick[1] abzuleuchten.

Die tiefere Ursache des Phänomens, daß eine sonst doch mit allen Mitteln der Forschung ausgerüstete und sogar bis zum Mond vorgedrungene Menschheit so wenig über jenes Land weiß, von dem aus ihre eigentliche Bedrohung erfolgt, ist jener gräßliche, gar nicht zu beschreibende Eid, den jeder in das Geheimnis der austreusinischen Mysterien Eingedrungene schwören muß und der nicht nur zu völligem Stillschweigen verpflichtet, sondern sein Opfer auch anhält, auf gewisse Sachpunkte angesprochen sich so vertrottelt zu benehmen, daß jeder ernste Forscherdrang nach kurzer Zeit bereits mitleidsvollem Schulterklopfen weicht. Man braucht wohl nicht hinzuzufügen, daß ohnedies nur Österreicher mit dem schrecklichen Wissen über das tiefere Wesen dieser Mysterien leben können. Unvorsichtige Ausländer, die Aktäon gleich zu tief in jenes heidnisch-christlich-gamsbartelig-gugelhupfige Labyrinth vordrangen, wurden, wie dieser in einen Hirsch, von den zu prallbusig-kropfigen Steirerinnen degenerierten Dianen in Gartenzwerge verwandelt und zieren strafweise die kleinbürgerlichen Alpengärten zwischen Bad Fischau und Hellbrunn. Es kann auch sein, daß dieser grausliche Effekt ohne Zaubersprüche ganz von selbst auftrat, vergleichbar dem Geschick der Frau Lot, von der man ja noch immer nicht weiß, ob ihr das nicht auf dem Kahlenberg passierte.

Man muß dem Schicksal, das in Österreich als Schlamperei auftritt, danken, daß es einige Verräter gab, die, vorsichtig natürlich und immer auf der Hut vor rächenden Sbirren und Wiener Eumeniden, wenigstens vorsichtige Andeutungen über die in ihrer Gesamtheit zutiefst verhüllte Wahrheit machten (die ganze Wahrheit über Österreich soll 1918, als das unfaßbare Ereignis einer Revolution stattfand, von getreuen Hofräten aus Wien gerettet und unauffindbar in einer Höhle des Ötscher versenkt worden sein, und seitdem ist dieser von jeher berühmte Zauberberg äußerlich völlig harmlos). Johann Nepomuk Nestroy ist hier zu nennen, der Schopenhauer des Wurstelpraters. Selbstverständlich erging er sich, den Umständen der Zeit Rechnung tragend, nur in ganz vagen Andeutungen, die aber dennoch nicht nur lebenslange Kämpfe mit der Zensur, sondern auch zeitweilige Gefängnisaufenthalte zur Folge hatten.

Alfred Kubin gehört hierher, wenn er auch aus Gründen der Omerta sein in »Die andere Seite« beschriebenes Traumreich gleich in den Orient verlegt.[2] Franz Kafka, der unvorsichtigerweise das etwas sicherere Prag verließ und daraufhin in Wien sterben mußte, Robert Musil, der emigriert und verarmt in ständiger Furcht vor österreichischen Bütteln sein Leben beschloß, Albert Paris Gütersloh, der viel zu wenig Bekannte, – sie alle haben unerlaubt viel über Österreich geoffenbart und mußten daher in ihrem Heimatland Unerhörtes erdulden. Dabei gingen sie vorsichtig vor, verteilten die Wahrheiten vorsichtig in ihrem Werk wie ein echter Hofrat Fliegendreck auf Aktenseiten – es half ihnen nichts, und Nichtösterreicher können diese Kryptogramme auch nur sehr selten entschlüsseln.

Am weitesten wagte sich Fritz von Herzmanovsky-Orlando vor, der deshalb auch mit einer folgenschweren damnatio memoriae belegt wurde, die leider Gottes auch heute noch wirksam ist. Daß er überhaupt so viele Enthüllungen machen konnte, war nur möglich, weil der Metternichsche Polizeiapparat in unserem Jahrhundert ab und zu leise knirschte und daraufhin so mit seiner Selbstverwaltung beschäftigt war, daß ihm ein oder zwei Literaten entwischen konnten.

An dieser Stelle können wir bereits die erste falsche Vorstellung des Auslandes korrigieren. Der Österreicher zerfällt nicht in Normalösterreicher und Beamte, sondern der Normalösterreicher ist Beamter. Wer kein Beamter ist und dennoch in Österreich lebt, ist folglich — sofern es sich nicht um Touristen handelt — ein keltisch-böhmischer Nachkömmling der Sklavenbevölkerung dieses Landes, aber insofern gehört er zu einer hoffnungslosen Minderheit, die eigentlich gar nicht der Rede wert ist. Ein Österreicher ist Beamter, vom Hofrat bis zum Weichensteller der Liliputbahn im Prater[3]. Dies ist das Erbe von Byzanz, aus welcher verworfenen Stadt, der Mutter der Sittenlosigkeit und des hierarchischen Staatswesens, ja die österreichischen Herrscher vorzugsweise ihre Gattinnen zu holen beliebten, weshalb nahezu alle österreichischen Monarchenfrischlinge den Byzantinismus schon mit der Muttermilch einsogen[4]. Im

Gefolge der Hofjagden und kaiserlichen beziehungsweise prinzlichen Landpartien wurde dann auch die nichtaristokratische Bevölkerung väterlicherseits damit infiziert, und wir gehen nicht zu weit, wenn wir feststellen, daß ein Österreicher ohne Byzantinismus ebenso undenkbar ist wie der Byzantinismus seit dem Fall Konstantinopels ohne Österreich.
Herzmanovsky-Orlando protokolliert dazu eine Äußerung des Fürsten Montenuovo, der als bedauerliches Produkt des Seitensprunges von Napoleons Gattin Marie-Luise mit dem einäugigen Grafen Neipperg am österreichischen Kaiserhof nur als Zeremonienmeister Verwendung finden konnte: »Der Hof zu Wien war der letzte Bewahrer des Mysterienzeremoniells, das aus den Wolkenhöhen von Byzanz dorthin gelangt war. Oder glauben S' vielleicht, daß die apostolischen Kaiser sich mirnix dirnix Jasons goldenes Vlies als höchste Auszeichnung erwählt haben? Und was glauben S' denn, wer die Primaballerina von der Wiener Oper in ganz geheimer Wirklichkeit ist? Tun S' doch nicht so, als ob Sie's nicht wüßten. Hier ist kein Ort für freidenkerische Faxen!«[5].
Und Baron Streysand dazu: »Wir haben die Aufsicht über das magische Weben in Hellas. Wir kontrollieren die letzten, verglühenden Regungen der Antike, um im Nullpunkt einzuschreiten. Seit Byzanz, unser rechter Flügel vernichtet wurde, hat Österreich das magische Erbe Griechenlands zu hüten. Wir sind die letzten, die das noch können. Und wenn Sie wissen wollen, was Sie sich unter der ›österreichischen Sendung‹ vorzustellen haben, von der unsere Schwachköpfe bei jeder Gelegenheit schwafeln: das ist sie«[6].
Wer das für verstiegen hält, sei darauf verwiesen, daß nicht nur der österreichische Bindenschild, sondern auch das heiligste, verrückteste Wappentier, der Doppeladler, aus diesem euro-kleinasiatischen Skurrilitätenbrutofen stammen. Wer Genaueres über dieses von der Natur her schon lebensunfähig gestaltete Monstrum erfahren will, kann Ernst Fuchs fragen, uns interessieren in erster Linie seine Folgen. Tatsächlich ist nämlich beim Österreicher ein zutiefst eingewurzelter Hang zur Duplizität feststellbar, und daher kommen in diesem Land nicht nur die Würstel und Watschen, sondern auch die Katastrophen paarweise einher. Einen Österreicher erkennt man schon daran, daß er nicht »Ja«, sondern »Jojo« sagt, was Grillparzer mittelschulreif zementiert hat: »Dein Wort soll sein / Ja ja — nein nein."[7]

Überall ist dieser janusschädelige Hang feststellbar, auch im angeblich totgesagten Proporz, der eine Doppelbesetzung jedes Amtes vorsah, womit wir wieder beim Beamten sind.
Dies ist die wahre österreichische Klasse, was man bereits daran erkennt, daß ein Beamter eine eigene Ehre hat, so daß in diesem Land nahezu alle Gesetze in zweifacher Ausfertigung existieren: für Beamte und andere Menschen.
Falsch wäre es, den Österreichern Bürokratismus nachzusagen. Der wäre letztlich nur ein Auswuchs des Organisationswahnes, und jeder Österreicher reagiert beleidigt, wenn man ihm nur Organisationsfähigkeit unterstellt. Er hat bloß zwei (!) Triebe: Beamter zu sein und eine »schöne Leich«. Deshalb mußte man für alles, aber auch für alles ein Amt schaffen. Jeder ungläubige Thomas kann sich davon mit einem Blick in das »Handbuch des Öffentlichen Lebens in Österreich« überzeugen. Sogar das legendäre Salzamt gibt es.
Diese Ämter administrieren nun keinesfalls — das hielte kein Staat der Welt aus —, sie begnügen sich vielmehr wie schöne Blumen mit ihrer bloßen Existenz und schütten nach einem genau festgelegten Schema auf ihre Insassen zu bestimmten Anlässen den Purpurstaub pompöser Titel, deren in der Republik begehrtester und auch von antimonarchistischen Sozialisten am stolzesten getragener »Hofrat« heißt.
Wer sein Lebensziel versäumt hat und kein Beamter wurde, bekommt dafür an einem bestimmten Geburtstag den Titel »Professor«, einerlei ob es sich um Leuchten der Wissenschaft oder um Humoristen wie Heinz Conrads oder Karl Farkas handelt, ja einmal wurde aufgrund eines amtlichen Irrtums auch ein Weichensteller der Bundesbahn mit diesem Titel bedacht.
Nach welchem Gesichtspunkt diese Allerhöchste Titelausschüttung erfolgt, ist nicht einmal versiertesten Austrologen klar, am wahrscheinlichsten dürfte die Annahme einer Art Tombola sein.
Dabei würde der Österreicher im täglichen Leben diese Auszeichnungen gar nicht brauchen, denn es ist ohnehin ein Nationalsport, einander gegenseitig und anscheinend völlig grundlos mit den abstrusesten Titeln zu bewerfen — besonders Kaffeehausober werden bei ihrer Anstellung auf diese hohe Kunst geprüft —, und ein eiserner Paragraph des Gewohnheitsrechts verbietet den Betroffenen, auch nur schüchterne Korrekturversuche zu unternehmen.
Unentbehrlich werden die echten Titel erst, wenn der Österreicher den strahlenden Kulminationspunkt seines Lebens erreicht hat,

also beim Begräbnis. Da gilt dann ein Greißler[8], der auf seine Parte (österreichisch für Todesanzeige) nicht wenigstens »Kommerzialrat« setzen kann, nicht als wirklich verstorben. Dieser Beklagenswerte hat dann auch keine »schöne Leich«, auch wenn er noch so lange darauf gespart hat und schon seit dem Volksschulalter Mitglied seines Sterbevereins war, sondern er geht im Bewußtsein seiner Nachwelt nur in eine Art Zwischenzustand ein und wird in diesem dann meist vergessen, falls er nicht vielleicht doch noch posthum die zu einem erfolgreichen Lebensabschluß nötige Titelei erwirbt.

Die »Pompes funebres« sind der zweite Angelpunkt der österreichischen Psyche, die Folge eines hinterhältig alpinen, unausrottbaren Katholizismus. Sie haben nicht nur viele Familien wirtschaftlich ruiniert, sondern werden auch dem ehrwürdigen Stand der Pompfünebrer auf Generationen ein angenehmes Leben sichern. Zum Beispiel ist der Beruf eines Choristen an der Wiener Staatsoper nicht wegen seiner dortigen Besoldung so begehrt, sondern weil er garantiert, daß man als »Begräbnissänger« ein Leben mit dem Aufwand eines barocken Duodezfürsten führen kann. Denn ohne eine »schöne Leich'« hat ein Österreicher nie gelebt, und wenn auch noch die Enkelkinder an den Kosten stottern müssen. Auf den Friedhöfen hat sich inmitten unseres sachlichen Jahrhunderts der im Österreicher nie zu verdrängende Barock einen Platz für seine Bacchanalien gesichert, und der verständnislose Beobachter möge bedenken, daß eine Vereinfachung der Begräbnisorgien das gesunde Gefüge der österreichischen Volkswirtschaft zweifellos zusammenbrechen ließe[9].

Überhaupt wird das Leben des homo Austriacus vom Sterben bestimmt, was nicht nur sämtliche Wienerlieder beweisen, sondern auch die nur Ignoranten erschreckende Selbstmordzahl. Wobei wieder auffallen mag, daß der Österreicher hierbei eine besonders intensive Beziehung zum Gas als Transportmittel in die Ewigkeit hat. Als die Wiener Stadtwerke darangehen wollten, das Leuchtgas zu entgiften, hagelte es wütende Proteste aus allen Kreisen der Bevölkerung.

Forscher haben behauptet, dieser Hang zum Makabren hänge mit jener brisanten Mischung zusammen, die aus bajuwarischer Lebensfreude, slavischer Melancholie, krowotischer Geschäftstüchtigkeit, levantinischer Verschlagenheit und ungarischer Temperamentsquadrierung in diesem Raum Europas entstanden sei.

Womit wir bei der »Rassenfrage« angelangt sind. Zweifellos bildet das bajuwarische Element einen Grundstock Österreichs, was man nicht nur bei Stalin nachlesen kann, sondern selbst mühelos aus der Vorliebe für Krenfleisch und alle Arten gekochten Rindfleisches ersieht. Daß für diese These darüber hinaus kein Beweis geführt werden kann und sie spätestens beim flüchtigen Durchblättern österreichischer Telefonbücher jede Glaubwürdigkeit verliert, liegt an Wien, von dem Herzmanovsky-Orlando feststellt: »Wien ist die natürliche Hauptstadt des Balkans, ich möchte sagen: die Mongolendrüse Europas. Besser vielleicht: die Orientalenmühle. Halt wo die Völker des Ostens zu Europäern gemahlen werden. Daher eine Idiosynkrasie gegen alles, was aus dem Westen kommt.«[10]
Bedenken wir, daß sich im k. u. k. Österreich dreizehn Nationalitäten fanden, was abergläubischen Gemütern ja bereits erklärt, warum dieses Traumreich ein schlimmes Ende nehmen mußte. Da lieferten die Bayern die kernigen »-inger«, die Tschechen, Mährer und Slowaken eine Fülle blumiger Konsonanten, die allesamt nahezu unaussprechbar sind und c, c, cz, zc, überhaupt c, -cek, -cik in allen Variationen heißen, wollen wir von den melodischen -raks einmal absehen; die Ungarn streuten eine ungeahnte Fülle neuartiger Vokale darüber; Serben, Kroaten und Slowenen hängten manchen »-vitz« daran, und die ehemaligen Bewohner des damals »Mazzesinsel« genannten II. Wiener Gemeindebezirks brachten die plastische Sprachkraft josefinischer Namensgebungsbeamter mit, nur mehr übertroffen von den ariendurchtränkten »-oni«, »-ini« und »-ani« aus dem sonnendurchglühten Italien. Eine Summa sämtlicher hier aufgeführter Umlaute ergäbe den unaussprechbaren und daher typischen Idealnamen des Österreichers, eventuell (mit zahllosen Variationen) CZINGERANICZKRVIC. Irgendwie sind halt daraus alle österreichischen Namen entstanden, und es ist verbürgt, daß man schon seit je das Prager mit dem Wiener Telefonbuch verwechselt hat.
Sowas wirkt natürlich auch auf den Charakter ein, zumal sich der Österreicher infolge seiner heillos verworrenen Rassenverhältnisse mit der überraschenden Lösung begnügte, schon als Einzelner »eine Rass'« zu sein. Spätestens seit dem Zeitpunkt, in dem seine Mutternationen miteinander zu streiten begannen, brachen auch in seiner Brust die entsprechenden Kämpfe los, und so steht der echte, reine Österreicher ständig mit sich zerfallen da, ein verhockter Kosmopolit, soziomanischer Misanthrop, cholerischer Phlegmatiker und amoklaufender Fatalist.

Daß sich dieser unhaltbare Zustand perpetuiert, ist außerdem Schuld der sogenannten österreichischen Küche. Welch divergenten, fremdartigen Einflüssen ist doch der arglose österreichische Esser täglich ausgeliefert! Da steht das heißblütige Goulasch neben der mehlspeisigen Sanftmut Böhmens, das rabiate Reisfleisch Jugoslawiens neben dem bieder-bescheidenen Kraut. Krachledernes Wurzelfleisch trifft auf die endlosen Koloraturen italienischer Nudeln, ein aus Bayern abgefeuerter Knödel prallt auf das Mähren entschwebte Golatschen und ein verirrter preußischer Erdapfel fällt in den melodienseligen Reigen der Powidltatschkerl.
All dies sickert durch den Magen des Österreichs in seine Seele. Wie soll man da auf seinen Charakter schließen? Zu sagen, er habe einfach keinen, ist falsch. Er hat, aber der ist unbeschreiblich. Erfaßbar sind nur gewisse Auswüchse. Pestbeulen, die als Teufelshörner aus der österreichischen Seele ragen und von denen wir einige herausgegriffen haben, auf die wir aber hier nicht eingehen wollen[11].
Das gesamte Wesen des Österreichers jedoch wird immer im Dunklen bleiben. Zwar wurden kleine Bezirke dieser Seelenlandschaft oberflächlich kartographiert — Kakanien, Ebingen und die Tarockei —, zwar haben wir seit Sigmund Freud einige vage Andeutungen, aber was hilft's. In diesem Dschungel findet sich nicht einmal der Teufel zurecht, was viele Legenden anschaulich illustrieren: bei Österreichern hat immer er den kürzeren gezogen.
Hebbel liefert vielleicht ein Rezept:

»Dies Österreich ist eine kleine Welt,
in der die große ihre Probe hält.«

Wenn man die Welt anschaut und dann einen Österreicher — stimmen könnte es schon.

ANMERKUNGEN:

1 Zigarettenkippe. Das Wort »Tschik« oder »Tschick« dürfte sich von jener kroatischen, »Tschibuk« genannten Pfeife ableiten die sich zu einer echten ebenso verhält wie eine Kippe zu einer Zigarette. »Tschickarretierer« — Kippensammler.

2 Wo der Orient genau anfängt, ist bekanntlich noch heute wissenschaftlich umstritten. Metternich meinte, sein knoblauchduftigster, Balkan genannter Teil, beginne mitten auf dem Rennweg in Wien. Karl Kraus setzte die Grenze mit der Ostwand seines Schlafzimmers fest, manche Ausländer nahmen bereits die Enns oder den Vorarlberg an. Immerhin hat diese Streitfrage der Welt schon etliche Totschläge und unzählige Ehrenbeleidigungsprozesse beschert.

[3] In letzter Zeit häufen sich die Gerüchte, die neuerdings sozialdemokratische Regierung plane einen vernichtenden Schlag gegen die österreichische Nation, schlimmer als ein Sommerschlußverkauf: von den ohnedies nur 761 Amtstiteln sollen 640 einer unbegründeten Reform zum Opfer fallen. Selbstverständlich trifft es nur die Kleinen, aber einige Fremdenverkehrsvereine haben bereits ihre Bedenken angemeldet. Die österreichische Landschaft droht durch das Abholzen klangvoller Bezeichnungen wie Schlackenzieher, Oberschlackenzieher, Syphonwärter der Gemeinde Wien, Münzwardein, Obermünzwardein, Forstrat, Bergrat, Offizial, Oberoffizial, Bereiter der Pferde der Hofreitschule und Oberbereiter derselben, ja sogar Donaudampfschiffahrtsgesellschaftskapitän, Feldbahnfeuerlokomotivführer und Hochdruckmaschinistenhelfer völlig zu verkarsten. Nicht einmal den Obersargträger will man für die pompfunebren Luperkalien bestehen lassen.

[4] »Heidschi popeidschi« dürfte wohl das bekannteste Lied byzantinischer Provenienz sein. Diese seltsame Silbe ist ebenso wie »eia popeia« nichts anderes als eine Verballhornung des griechischen »heude o paidé« — »Schlafe, mein Kind«. Das »Heidschi popeidschi« kam übrigens auf seltsamen Wegen und vor allem durch Heintje und Peter Alexander in den Ruf eines Weihnachtsliedes. In Wahrheit besingt es ganz schlicht einen Kindermörder, der im Jahr 1760 in Tirol sein Unwesen trieb. Ein Indiz dafür bleiben die Zeilen:

»Und der Heidschi popeidschi ist kumma
Und hat mir mein Kinderl weg gnumma,
Jetzt liegts drin im Wasser und lacht nimmermehr,
Sein Wiegerl, sein Betterl, die stengan (stehen) jetzt leer . . .«

Da Heintje jedoch sowohl diesem Unhold als auch allen anderen Attentätern entging, konnte auch eine neuerliche Umdichtung dieses Textes nicht verhindert werden.

[5] Fritz von Herzmanovsky-Orlando »Das Maskenspiel der Genien«.

[6] ebendort.

[7] Franz Grillparzer »Weh dem, der lügt«, I. Akt.

[8] zu deutsch: Krämer, als solcher im Zeitalter der Supermärkte kaum mehr existierend und daher nur mehr österreichisch vorkommend.

[9] Der reformwütige Kaiser Josef II. versuchte tatsächlich auch, an die Begräbnisfeierlichkeiten Hand anzulegen. In einem Anfall augenscheinlicher Umnachtung befahl er, Särge sollten aus Sparsamkeitsgründen nur mehr aus Papier angefertigt werden, und in St. Michael in der Wachau stehen noch zwei Holzgehäuse mit Klappboden, die um jene Pakete als Dekor gelegt wurden. Durch diese Maßnahme wäre es bereits damals in Österreich beinahe zu einer Revolution gekommen, die ähnliche Ereignisse in Frankreich bestimmt an Grausamkeit übertroffen hätte. Erschrocken zog der Monarch seine Verfügung zurück, und seither ist wieder alles beim alten.

[10] Fritz von Herzmanovsky-Orlando »Das Maskenspiel der Genien«.

[11] Weitere Beispiele im Abschnitt: »Austrographisches Lexikon«.

DIE HISTORISCHEN HINTERGRÜNDE DER DEUTSCH-ÖSTERREICHISCHEN ERBFEINDSCHAFT

Die ersten Anfänge

Den Einsichten moderner Unterrichtsmethoden folgend, würden sich genauere Rückgriffe in die Geschichte des Alpenlandes erübrigen, gäbe es nicht genügend Tatsachen, die bereits in dunkler Vergangenheit ein grelles Licht auf die Gefährlichkeit dieses Landstriches werfen. Es ist ja beileibe nicht so, daß erst Österreich — wie wir es heute nennen — seine verhängnisvolle Rolle für Europa und insbesondere für Deutschland spielt, auch das Römische Weltreich wurde von diesem Punkt aus zersetzt.
Blicken wir zurück: Ein blühendes, hochzivilisiertes Staatswesen, das in seiner straffen Organisation, um nur ein Beispiel zu nennen, durchaus den demokratischen Zielvorstellungen eines CSU-Vorsitzenden entsprechen könnte, wird in einer nördlichen Provinz plötzlich von einem unzivilisierten, blutrünstigen Volk angegriffen. Und natürlich erreichen die Unruhen dort ihren Höhepunkt, wo das sogenannte »Herz« Österreichs liegt. Der große Philosoph und Kaiser Marc Aurel muß persönlich für Sauberkeit und Ordnung sorgen. Dabei stirbt er aus reichlich ungeklärten Ursachen — ausgerechnet in Vindobona, dem heutigen Wien.
Als ob es nicht genug wäre, einen Staat seines Hauptes zu berauben, wiegelt wenig später ein österreichischer Landstreicher namens Severin[1] den ansonsten völlig unbedarften Barbarenführer Odoacer auf, selbst nach der Krone des Römischen Imperiums zu greifen — mit den bekannten Folgen. Daß dieser später heilig gesprochen und sogar ein Wiener Ortsteil (Sievering) nach ihm benannt wurde, zeigt nicht nur die unheilvoll guten Beziehungen zwischen Österreich und der römisch-katholischen Kirche, sondern auch, daß sich die Bevölkerung dieses Landstriches niemals ihrer subversiven Elemente geschämt hat.
Kurze Zeit später fielen die Avaren in diesen Landstrich ein und bedrohten von dort aus das gesamte Abendland. Und noch etwas später attackierten von diesem Gebiet aus die Ungarn das junge deutsche Reich. Erst Otto dem Großen gelang, was schon Karl der Große vergebens versucht hatte: jenen Gefahrenherd oberflächlich

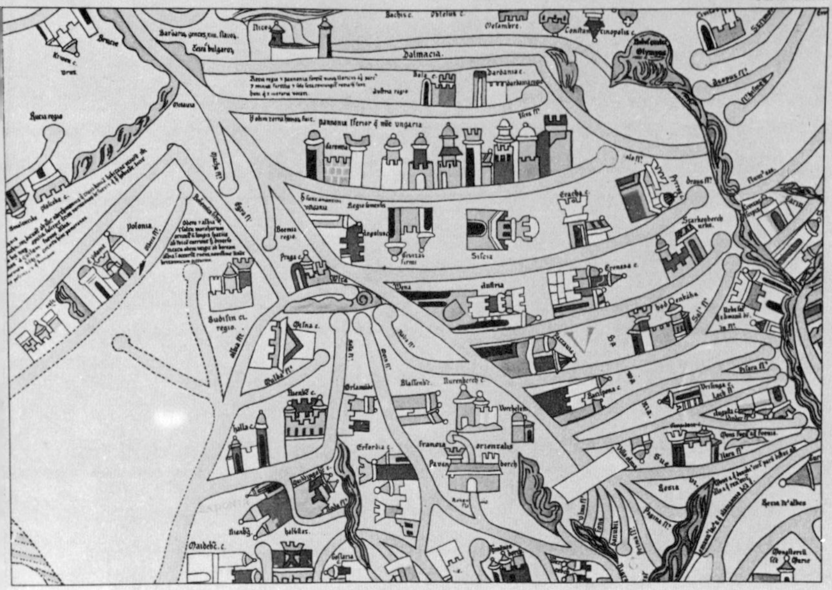

Griff nach der Weltmacht von Anbeginn: Weltkarte des Klosters Ebsdorf vom Jahre 1284 mit Wien als Mittelpunkt (Ausschnitt).

zu befrieden. Seit 996 hat die Gefahr einen faßbaren Namen, »Ostarrîchi« — Österreich.

Und es zeigte sich, daß Österreich für Deutschland und Deutsche immer verhängnisvoll sein mußte. Eine hochanständige Ritterfamilie aus Bamberg, die für Ruhe und Ordnung sorgen sollte, wurde schließlich so aufgerieben, daß sie bereits im 13. Jahrhundert ausstarb.

Danach machte eine Schweizer Familie[2] Österreich zu ihrer Privatdomäne. Und da sie dabei mit schweizerischer Gründlichkeit vorging, gelang es ihr auch, dieses Land bis in unser Jahrhundert zu halten. Allerdings wirft die Tatsache, daß sie sich bald darauf in ihrem Heimatland nicht mehr sehen lassen durfte, ein bezeichnendes Licht auf ihren Charakter. Statt dessen versuchte sie, das Heilige Römische Reich von Österreich aus zu beherrschen, was ihr auch über weite Strecken gelang, zumal sie dabei vor keinem Mittel zurückschreckte, auch nicht vor intensiven Beziehungen zur römischen Kirche.

Als sich das deutsche Volk in der Nachfolge einer Selbständigkeitsbewegung, die von einem ehemaligen Augustinermönch aus Eisleben ausgelöst wurde, dagegen zaghaft zur Wehr setzte, brachen sie kurzerhand einen Krieg vom Zaun, der die deutschen Lande nahezu entvölkerte und um Jahrhunderte zurückwarf. Bezeichnenderweise wurde Österreich von dieser Katastrophe so gut wie verschont, obwohl schon damals die Kriegsverbrecher aus diesem Land kamen. Wenn wir von dem Unglück, das der Dreißigjährige Krieg über Deutschland brachte, absehen, lassen sich schon in dieser Frühzeit die österreichische Gier nach der Weltmacht sowie ausgeprägte Tendenzen zum Völkermord feststellen: Es war jene mittlerweile austrisierte Herrscherfamilie, in deren Reich vorübergehend die Sonne nicht unterging, die die Hochkulturen der Azteken, Mayas und Inkas ausrottete und an der heutigen Unterentwicklung der Dritten Welt, soweit sie Lateinamerika betrifft, die Hauptschuld trägt. Wo immer wir skrupellosem Expansionsstreben begegnen, ist er mit dem Namen Österreich verbunden — denken wir nur an Don Juan d'Austria, der bei Lepanto das Osmanische Reich seiner Seemacht beraubte. Überhaupt wurden die Türken mit die Hauptleidtragenden österreichischer Machtgier. Schritt für Schritt wurden sie aus ihren europäischen Bastionen verdrängt, wobei sich die Wiener Regierung mangels eigener Feldherren eines Franzosen zweifelhafter Abkunft bediente. Was kann man mehr über Prinz Eugen von Savoyen sagen, als daß er nicht nur der Knabenliebe frönte, sondern auch gegen sein eigenes Heimatland Krieg führte?! Es bedurfte eines aufrechten Preußen, die geknechteten Deutschen zu einem schwachen Selbstbewußtsein zu führen. Mit bewundernswerter Anstrengung bemühte sich Frederic le Grand, den österreichischen Einfluß zugunsten des französischen einzudämmen. Daß Maria Theresia dabei die deutschen Lande erneut mit Krieg überzog und zeitweilig sogar versuchte, das Herzstück Deutschlands, Bayern, Österreich einzuverleiben, ist geradezu tragisch, vor allem, wenn man bedenkt, daß noch heute an manchen Bayern der typisch österreichische Charakterzug skrupellos schlitzohriger Machtgier seine Spuren hinterlassen hat. Tatsächlich wurde München, obwohl nur kurze Zeit von der Fremdherrschaft besetzt, zum künftigen Hauptausgangsort österreichischer Infiltration.

Der große Preußenkönig hatte erkannt, daß die einzige Befreiung vom österreichischen Joch aus Frankreich kommen konnte, hatten doch die Franzosen schon zuvor in den Niederlanden die österreichische Umklammerung Deutschlands einigermaßen gelockert. Aber was dem Hohenzollern trotz französischen Sprachgebrauchs mißlang, schaffte einige Zeit nach seinem Tod vorübergehend ein Franzose: Er garantierte mit dem Rheinbund deutschen Fürsten erstmals Unabhängigkeit von Österreich und zerschlug mit dem Heiligen Römischen Reich den bisherigen Beherrschungsapparat.

Wie aber reagierten die Österreicher? Sie korrumpierten den Befreier, indem sie ihm eine Tochter des österreichischen Kaisers zur Frau aufschwatzten, die ihren Ehemann noch dazu bald mit einer niedrigen Militärcharge, einem außerdem Einäugigen betrog![3]
Aber auch die Deutschen zeigten sich Napoleon gegenüber undankbar. Sie entmachteten ihn, mit der Folge, daß nach einem als Friedensschluß getarnten und bezeichnenderweise in Wien veranstalteten Kongreß dem neu gegründeten Deutschen Bund wiederum Österreich präsidierte.

Die erste Hochblüte

Die Österreicher sind ein rachsüchtiges Volk, sie können nicht vergessen. So ist es verständlich, daß sich ihr grimmigster Haß gegen die Urheber ihrer ersten Niederlage richtete: die Preußen. Keine Gelegenheit ließen sie vorübergehen, diese Wahrer deutscher Freiheit in ihren empfindlichsten Lebensinteressen zu schikanieren. Schon bei den Teilungen Polens hatten sie dafür gesorgt, daß ein Löwenanteil an Österreich fiel, obwohl das Volk ohne Raum diesen sicherlich besser verwaltet hätte. Im Deutschen Bund aber unterbanden sie sogar jeden Versuch des preußischen Königs, sich gegen die österreichische Übermacht Bundesgenossen zu suchen.
Die österreichische Anti-Preußen-Bündnispolitik mußte in Berlin äußerste Besorgnis erregen. Aber auch die in ihrem Nationalgefühl soeben erwachten Italiener begannen sich der österreichischen Geißel zu erwehren. In diesem Augenblick sah ein aufrechter Deutscher, der als preußischer Deputierter beim Deutschen Bund die verwerflichen Praktiken Österreichs aus nächster Nähe studieren konnte, die Gelegenheit zum großen Schlag gekommen. Bismarck durchschaute, daß Goliath auf tönernen Füßen stand, und als Österreich 1866 zu herausfordernd mit dem Säbel rasselte, ließ der Eiserne Kanzler mit dem Zündnadelgewehr zurückschießen. Von Preußen und Italien gleichzeitig bekriegt, wußte der gütige Kaiser Franz Joseph nicht mehr, wer ihm den Dolch hinterrücks und wer ins Herz der Monarchie gestoßen hatte. Wutschnaubend stellte er sich an die Spitze des k. u. k.-Heeres, um den welschen Feind zu schlagen. Die dabei von den Österreichern verübten Grausamkeiten veranlaßten den Schweizer Schlachtenbummler Henry Dunant nach dem Anblick von Solferino, unverzüglich das Rote Kreuz zu gründen.

In diesem Krieg errang die österreichische Admiralität unter Tegethoff ihren letzten großen Sieg in offener Seeschlacht. Mit Schrecken sah die Welt Österreich aufs Neue obsiegen, doch die Preußen schossen schneller.

»Rache für Königgrätz! Rache für Sadova!« ist seither der Schlüsselsatz zur Seele jedes Österreichers.

Nichts konnte die Österreicher bis heute von der Verfolgung dieses grausamen Zieles abbringen. Nicht einmal, daß der lange gehegte Plan zur Wiedereroberung der verloren gegangenen lateinamerikanischen Kolonien nach einem Teilerfolg in Mexiko mit der Erschießung Maximilians geplatzt war, erregte die österreichischen Gemüter so sehr wie die Nennung des Wortes Preußen.

Und als schließlich durch Bismarck und Gott ganz Deutschland zu Preußen wurde, weitete sich der österreichische Haß zu einem solchen gegen das gesamte deutsche Volk.

Seither wurde Deutschland von einem ununterbrochenen, heimtückischen, österreichischen Krieg überzogen!

Obwohl die Österreicher verächtlich meinten, so schnell schössen die Preußen auch wieder nicht, mußten sie die Überlegenheit deutscher Waffenschmiedekunst zähneknirschend anerkennen. Da aber griffen sie zu ihrer furchtbarsten Waffe — ihrem Nationalcharakter.

Das Signal zum Einsatz der österreichischen Wunderwaffe gab ein von der Geschichte anonym belassener k. u. k. Hofrat, der auf die Schreckensmeldung preußischen Vordringens in österreichische Kernlande mit dem furchtbaren Satz antwortete: »Dö werd'n ma aa no demoralisiern.« Und da in jedem Österreicher ein Hofrat steckt, grub sich dieser Befehl widerspruchslos in aller Herzen.

Einhundertundvier Jahre danach kann der Historiker nur mehr feststellen, daß die totale Unterwerfung Deutschlands gelungen ist. Aber nicht Schlachten wird er besingen können, sondern die traurige Aushöhlung der deutschen Eiche, die lausartige Besetzung der Wurzelspitzen aller Zweige des öffentlichen Lebens von den Wipfeln der Politik über die Abhänge des Parnaß bis zu den Sumpfblüten der Unterwelt. Schon ein Blick auf die Landkarte zeigt als grauses geographisches Symbol, wie es Österreich geschafft hat, Deutschland durch Bedürfnisbefriedigung zu versklaven: phallisch bohrt sich das Land in den unschuldigen Unterleib Deutschlands, dessen Brüste — und auch daran ist ein Österreicher schuld! — durch die Oder-Neiße-Linie grausamlich abgetrennt wurden.

Da ein Sieg über Deutschland in offenem Krieg ausgeschlossen war, freundeten sich die Österreicher mit dem Erbfeind zum Schein wieder an. Bereits 1879 wurden zwischen Franz Joseph und dem Deutschen Reich Geheimverträge unterzeichnet, deren Hauptinhalt die sogenannte »Nibelungentreue« war.

Wir fragen uns: Waren die Deutschen wirklich so arglos, daß sie nicht durchschauten, welche wahren Absichten sich hinter diesem Wort verbargen? Die Nibelungen, ein treuherziges Rheinländervölkchen, wurden im frühen Mittelalter unter dem Vorwand einer Hochzeit in das Gebiet Österreichs gelockt und dort meuchlings ermordet. (Überhaupt gehören Hochzeiten zu den mittlerweile durch die Genfer Konvention verbotenen Kampfmitteln der Österreicher, klassisch erfaßt in dem Ausspruch Kaiser Maximilians: »Alii bellis gerunt, tu felix Austria nube!«) Daß Österreich zu diesem Zeitpunkt unter hunnischer Herrschaft stand, besagt wenig, da 1879 in Deutschland ja auch keine Nibelungen mehr anzutreffen waren — die historische Parallele hätte jedoch bereits Mißtrauen erregen sollen. Wir können, zumal nach Kenntnis der historischen Folgen, nur den Schluß ziehen, daß jene Verträge von Anfang an nur den Zweck hatten, die Deutschen aufzureiben.

Bevor wir aber diese Entwicklung bis zu ihren letalen Folgen nachzeichnen, möchten wir auf einen anderen wichtigen Punkt aufmerksam machen, der vielen Historikern bisher entgangen ist: die ebenfalls nach der Weltherrschaft zielende Wühlarbeit der österreichischen Sozialdemokratie. Zu Anfang unseres Jahrhunderts lebten in Wien vorübergehend zwei bis dahin harmlose russische Emigranten, die als Mitglieder der Sozialdemokratischen Partei geführt wurden: Leib Bronstein und Jossif Wissarionowitsch Dschugaschwilij. Der erstere spielte hauptsächlich im berüchtigten Café Central Schach, wenn er nicht gerade Gedichte schrieb, der zweite bewohnte bescheiden ein Untermieterzimmer in Hietzing. Ein dritter Landsmann, Uljanov, besuchte Wien ebenfalls, begab sich aber bereits nach kurzem Aufenthalt angewidert in die Schweiz.

In Wien wurden diese beiden russischen Sozialdemokraten mit radikalem Gift infiziert! Sie verließen diese Stadt als gefährliche Bolschewiken. Zu ihrer Ehre muß gesagt werden, daß sie diese Charakterumwandlung mit ihrem ehrlichen Namen nicht mehr vereinbaren mochten und sich hinfort Trotzky und Stalin nannten. Was sie, nachdem man sie in einem plombierten Viehwaggon

Brutstätte der Verschwörung gegen Deutschland und die Welt: das Café Central in der Wiener Herrengasse. Links vom Eingang Franz Kafka, von rechts aus dem Dunkel kommend Leo Trotzky, Albert Paris Gütersloh und Josef Stalin.

Bitteres Zeugnis deutscher Unterwürfigkeit und Nibelungentreue: Die deutschen Fürsten, an ihrer Spitze der preußische König und deutsche Kaiser Wilhelm II., 1908 im Spiegelsaal zu Schönbrunn unter dem Bildnis Maria Theresias vor Kaiser Franz Joseph zum Befehlsempfang angetreten.

in ihre Heimat abschob, dort anrichteten, ist bekannt, und wir dürfen annehmen, daß sie dabei im Sinn der unbekannten »Protokolle der Weisen von Wien« handelten.
Die österreichischen Sozialdemokraten dürften jedoch diesen Vernichtungsschlag gegen das große, mächtige Rußland mit ihrer Regierung nicht abgesprochen haben, kritzelte doch der letzte k. u. k. Außenminister, Graf Berchthold, an den Rand jener Depesche, mit der ihm die Russische Revolution mitgeteilt wurde, den Satz: »Wer soll denn in Rußland Revolution machen? Vielleicht gar der Herr Bronstein aus dem Café Central?!«[4]
Wem diese Tatsachen noch keine Gänsehaut über den Rücken jagen sollten, der bedenke: auch Theodor Herzl war Österreicher!!! Der noch heute die Welt in Atem haltende Nahost-Konflikt hat seine Wurzel in dem gleichen Land, aus dem sich auch die Rote Gefahr über die Erde wälzte.
Daß Österreich die Früchte dieser Zersetzungspolitik nicht in den unheilschwangeren Schoß fielen, daß diese Griffe nach der Weltmacht ohne Erfolg blieben, gehört zu den Gerechtigkeiten der Geschichte, auf die wir nicht näher eingehen wollen.
Um wenigstens bei Deutschland ganz sicher zu gehen, bediente sich Österreich nicht irgendwelcher subversiver Elemente, sondern jenes Paktes, »Dreibund« genannt, in welchen man auch den welschen Dolchstecher Italien aufnahm, wohl wissend, daß er der Schulter-an-Schulter-Treue bei nächstbester Gelegenheit hinterrücks in die Flanke fallen würde.
So mußte das Jahr 1914 kommen.
Es ist bezeugt, daß dem guten Kaiser Franz Josef die Ermordung des ungeliebten Thronfolgers Franz Ferdinand und seiner unstandesgemäßen Gattin gar nicht so unangenehm war. Dennoch begann ein blutiges Vielvölkerringen, das gleich am Anfang für Deutschland verhängnisvoll wurde, da seine glorreiche Armee der österreichischen zu Hilfe eilen mußte, und daher die deutsche Westfront auf dem linken Flügel des Schlieffenplanes gelähmt wurde. Die Folgen kennen wir, denn schon vier Jahre nach 1914 kam 1918. Es genügte Österreich aber nicht, das blühende deutsche Reich zerschlagen, das preußische Herrscherhaus vertrieben und das Volk ohne Raum seiner dringend benötigten Kolonien beraubt zu haben: Bereits zu jener Zeit hielt sich in Deutschland ein Österreicher auf, der später als Führer dieses große Land nach seinen ausschließlich in Österreich erworbenen Grundsätzen beherrschen sollte.[5]

ANMERKUNGEN:

[1] Angeblich ein irischer Mönch, der das Heidentum der Österreicher christlich erleuchten wollte. Das hatten aber schon vor ihm die Römer besorgt, deren in Wien stationierte Legio Decima zur Zeit der für das Abendland so folgenschweren Hinrichtung eines jüdischen Landstreichers in der Gegend des heutigen Israel Dienst tat und, dank der Neigung der Legionäre zum Aberglauben, auch das Christentum in die Alpenländer einschleppte. Wie verhängnisvoll sich das auf die blühende antike Kultur auswirkte, zeigte sich wenig später, als das Amphitheater von Carnuntum, der bedeutendsten Römerstadt auf österreichischem Boden, durch den Einbau eines Baptisteriums seinem ursprünglichen Zweck, unschuldigen Vergnügungen zu dienen, entfremdet wurde. Auch der heilige Florian, zu dem heute noch sämtliche Brandstifter beten, war ein austrisierter Römer und wurde in der Enns ersäuft. Dennoch dürfte es mit dem Christentum der Österreicher nicht weit hergewesen sein, mußten sie doch ihre nächsten Nationalheiligen wieder aus Irland importieren. Zuerst den heiligen Rupert, der in Salzburg das erste Kloster gründete und später den heiligen Koloman, einen Prinzen, der in Stockerau wegen Landstreicherei aufgehängt wurde. Angeblich hatte er ins Gelobte Land pilgern wollen, aber von derlei Ausflüchten hielt man in Österreich nie viel, heißt doch heute noch die gängigste Bezeichnung für Ganoven »Pülcher«. Der erste Österreicher, der zu einem Heiligenschein kam, war der Markgraf Leopold. Aber daß dessen Glorie ganz verdient war, wagen nicht einmal Theologen zu behaupten.

[2] Was man von Schweizern zu halten hat, zeigt bereits Friedrich von Schillers aufschlußreiche Zeile:
»Lernt dieses Volk der Hirten kennen!« (Wilhelm Tell)
Mit der den Schweizern eigenen Raffgier, wie sie später ja auch im Schweizer Banksystem zum Ausdruck kam, sammelten, erheirateten, erschlichen oder erkauften die Habsburger einen Landstrich nach dem anderen, und da sie selbst kein eigenes Wappen hatten, bastelten sie aus allen zusammen ihr überall in Österreich zu bewunderndes Emblem.

[3] Wer je ein Bild des Grafen Neipperg sah und Kinsey gelesen hat, wird ungeahnte Aufschlüsse über die Potenz Napoleons gewinnen.

[4] Das Dokument dieses Treppenwitzes der Weltgeschichte befindet sich im Archiv des österreichischen Bundeskanzleramtes. Einmal wurde es sogar ausgestellt, als jedoch darob ein weltweites Gelächter ausbrach, schnell wieder versteckt und ruht seither in einem Safe, ein Staatsgeheimnis österreichischen Geistes.

[5] Ehe wir jedoch dieses folgendschwere Kapitel beginnen, möchte der Autor auf ein Buch hinweisen, in dem vielleicht am deutlichsten die verhängnisvolle Rolle Österreichs für die Welt zutage tritt: ein ausschließlich für Kinder bestimmtes Buch mit dem Titel »Wie der liebe Gott Österreich erschuf«. Hier wird festgestellt, daß er sich dazu einen ganzen Tag Zeit nahm. Da aber die Welt einschließlich Österreichs nur in sieben Tagen erschaffen wurden, kann man ermessen, um wieviel zu kurz unsere Erde gekommen sein muß, wenn für so einen winzigen Bruchteil ein Siebtel der gesamten Schöpferkraft vergeudet wurde.

Österreichische Flucht vor der Verantwortung: während Deutschland vertragsgemäß nach der leichtfertig provozierten Ermordung des österreichischen Thronfolgers Franz Ferdinand nebst Gemahlin den Kampf gegen eine Welt von Feinden aufnimmt, beschäftigt sich der österreichische Hof mit der Etikette. Hier: der von der österreichischen Frau Napoleons I. unehelich empfangene Sohn des Grafen Neipperg, Obersthofmarschall Montenuovo, in Verhandlung mit dem Unterweltsschiffer Charon um ein zweites Boot, damit der verblichene Erzherzog nicht mit der unebenbürtigen Gemahlin zusammen übergesetzt werden müsse.

Jüdisch: neue Zeitung vom Marsch aus Wien und anderen Orten der jetzigen zwölff Jüdische Stämmen/ als nemlich: Ruben/ Simeon/ Levi/ Juda/ Zabulon/ Isascher/ Dan/ Gat/ Aser/ Naphtali/ Jouseph/ Benjamin/ Au wey Getzel/ Au wey Mauschy/ O lader/ O lader/ der Toderus und das Avrahämge seynd für grossem Leyd auffs Boumym gefallen/ welche nun/ weil sie aus der Christenheit sollen verbannisiret werden/ zu dem Nathan ziehen wollen.

Das erste Lied.

Hitzig/ Bergen/ Gumbel/ O Hatoney/ ou Wey/ Kompt Sammel/ Meyer/ Amsel/ die Klender reist entzwey/ die Goyem uns verfolgen/ Ou Wey/ mit Degen/ und Dolchen/ des Lebens nimmer frey.

2. Die Hintle hefftig blerrat/ den Briss gebrochen hat das Schöngen mächtig gerrat/ das Pelsgen ist sehr matt/ das Auschelgen verzaget/ die Schoulem sehr geklaget/ des Lebens sind sie satt.

3. Wourum? Jeckuff sage/ sind wir so übel dran/ Dourum/ ach Moyses klage/ mit uns ist schon gethan/ das Schachern grosser Summen/ die Gojem übernommen/ so wir gefangen an.

4. Jou Rebegetzig/ kloppse Affroumgen komme bald/ je ein den andern zopffe/ kom jedes jung und alt/ du Schlumgen/ führ den Reyen jezund im kühlen Meyen/ durch manchen bösen Wald.

5. Zum Nathan wir nun wandern/ O du Leiser/ Aaron/ keiner lasse nicht den andern/ Ach Lämble/ Salomon/ die Rachel/ Esther/ Behle/ schwör ich bey meiner Seele/ auch müssen mit davon.

6. Kein Raht ist zu erdenckt/ lieff schon der Dotteries/ nach Wien viel zu beschencken/ so ist doch diß gewiß/ der Abraham zum Drachen/ kommt in des Nathans Rachen/ schmiert uns die Diebes Füß.

7. Kein Mittel will hie batten/ die Schlappschuh leget an/ bey Zeit euch thut verspatten/ fort Salaman/ du Schlund [illegible] Kuppel/

8. Der Debele Speck gefressen/ der Isack/ Süsel auch/ des Thalmuths gar vergessen/ und wider Juden Brauch/ der Aberle zur Schulen/ Saphouem wollen fühlen/ in einer Christen Strauch.

9. Der Thurn war gar zu wider/ die Ele Gotteruth/ und ihre beyde Brüder/ wie mancher Schelme thut/ gar übel auch gehauset/ daß allen Mowschen grauset/ die noch gelebet gut.

10. Drum wir aus diesen Landen/ mit höchstem Schimpff und Spott/ mit groß Verlust und Schanden/ sampt gantzer Juden Rott/ verstossen und verlassen/ gantz forchtsam wie die Hasen/ verdammet nun vor Gott.

11. Kauffmüngen gleichwol handelt/ der Martgen/ Israel/ noch hin und wieder wandelt/ im liechten Tage hell/ zur Reis den Rebbes suchen/ und achten nicht das Fluchen/ nicht wollen von der Stell.

12. Löw/ Hündel/ und Josephs Ette: der kleine Benedik/ die Meme aus dem Bette/ zu ihrem groß Unglück/ mit Nathan Levi eilen/ vor Aengsten/ Schreyen/ Heulen/ sich förchten vor dem Strick.

13. Sou houchlet dann zusammen/ Ou Rabbi David schrey/ zum Nathan in die Flammen/ der kochet Schwefelbrey/ euch peinlich zu tractiren/ in Abgrund einzuführen/ Strick zu euch all Ou way.

Das ander Lied. Der Juden Marsch.

Dang da da dang dang da da dang/ jetzt wird erst den Juden bang/ weil sie müssen aus dem Land/ [illegible] dem Stricken in der Hand/ [illegible]

2. Dang da da dang dang da da dang/ lebe unser Kähser lang/ der den Greuel von sich schafft/ so in Juden Herzen hafft/ singet Christen dang da dang/ aus ists mit der Juden Schlang.

3. Dang da da dang dang da da dang/ Juden Hund machets nicht zu lang/ fort mit euch der Wüsten zu/ ast zurück den Ochs und Kuh/ was ihr habt/ gestolen ist/ das weiß mancher armer Christ.

4. Dang da da dang dang da da dang/ Schelmen macht es nicht zu lang/ saufft aus dem Gläslein jeder Frist/ wo der Sauschwanz der Deckel ist/ Svensäu macht Anssel zu der Meiß/ Debele brats mit gantzem Fleiß.

5. Dang da da dang dang da da dang/ ihr Mamser machets nicht zu lang/ Abraham und Ländle schmollen/ daß sie Schincken sieden sollen/ Salnige/ Nack und Feik [illegible]

Flugblatt auf die Vertreibung der Juden aus Wien 1670.

(Nach dem Original im Münchner Kupferstichkabinett.)

Die allgemeine Weltmeinung hat Deutschland die Alleinschuld an etwas aufgelastet, das sich bei genauerem Hinsehen als die österreichische Herrschaft erweist. Gewiß trug auch das deutsche Volk seine aufrichtige Leistung bei, nicht nur indem es sich im Dienst des Vaterlandes die Kehlen wundjubelte, aber die Drahtzieher des Fiaskos und viele seiner Hauptakteure stammten aus Österreich. Wenn wir dieses heute so gern vergessene Unding einer historischen Wurzelbehandlung unterziehen, werden wir feststellen, daß es sich hierbei um die ideale Vermählung zweier Kulturkreise zu einer höchst lotterlichen Ehe handelt. Deutsche Gründlichkeit und österreichische Verbohrtheit, deutscher Untertanengeist und österreichischer Beamtensadismus, deutsche Überheblichkeit und österreichischer Antisemitismus gingen hier eine Laison ein, die eine Welt erzittern lassen mußte.

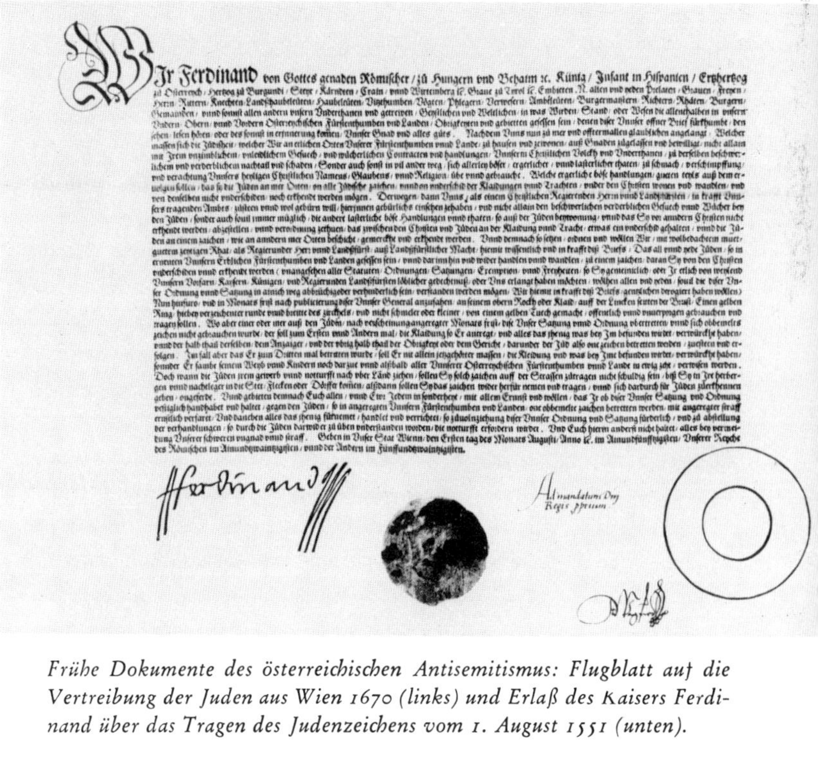
WIr Ferdinand von Gottes genaden Römischer / zü Hungern vnd Behaim ꝛc. Künig / Infant in Hispanien / Ertzhertzog zü Österreich / Hertzog zü Burgundi / Steyr / Kärnden / Crain / vnnd Wirtemberg ꝛc. Graue zü Tyrol ꝛc. Embieten N. allen vnd yeden Prelaten / Grauen / Freyen / Herrn / Rittern / Knechten / Landshaubtleüten / Haubtleüten / Vitzthumben / Vögten / Phlegern / Verwesern / Ambtleüten / Burgermaistern / Richtern / Rhäten / Burgern / Gemainden / vnnd sonnst allen andern vnsern Vnderthanen vnd getrewen / Geystlichen vnd Weltlichen / in was Wirden / Stand / oder Wesen die allenthalben in vnsern Nidern / Obern / vnnd Vordern Österreichischen Fürstenthumben vnd Landen / Obrigkeyten vnd gebietten gesessen sein / denen diser Vnnser offner Brief fürkhumbt / den sehen / lesen hören / oder des sonnst in erjnnerung komen / Vnnser Gnad vnd alles güts. [...]

[...] Geben in Vnser Stat Wienn / den Ersten tag des Monats Augusti / Anno ꝛc. im Ainundfünfftzigisten / Vnserer Reyche des Römischen im Ainundtzwaintzigisten / vnnd der Andern im Fünffundtzwaintzigisten.

Ferdinand

Ad mandatum Dni Regis pprium

Frühe Dokumente des österreichischen Antisemitismus: Flugblatt auf die Vertreibung der Juden aus Wien 1670 (links) und Erlaß des Kaisers Ferdinand über das Tragen des Judenzeichens vom 1. August 1551 (unten).

Denn beispielsweise der Antisemitismus ist eine liebevoll gepflegte österreichische Tradition. Zwar hat es auch in Deutschland des öfteren Pogrome gegeben, die aber lagen schon damals weit zurück, und die 1212 aus dem Rheinland vertriebenen Juden hatten sich schon längst auf galizischem, also österreichischem Territorium eingelebt. Viele hatten auch in Prag und Wien eine neue Heimat gefunden, wo sie von den jeweiligen Kaisern mit schöner Regelmäßigkeit zur Kasse gebeten wurden, mit Methoden, die als Erpressung zu bezeichnen eine verschämte Höflichkeit wäre. Als dann die alte Monarchie bereits etwas brüchig geworden war und die Juden von den Kaisern nicht mehr so ohne weiteres geschröpft werden konnten — was ihnen Franz Joseph nie verzieh —, übernahmen die emporgekommenen Mittel- und die verunsicherten Kleinbürger die ehedem hocharistokratischen Intoleranzen, und vor allem der Wiener Bürgergott Karl Lueger und der Gründer der Deutschnationalen Partei, Georg Ritter von Schönerer, wurden die Wortführer eines rabiaten Antisemitismus.

Scharfsinnig durchschauten sie, daß seit je alles Unheil von diesem anscheinend nur dazu auserwählten Volk ausgegangen war, zumal sich mit derlei Thesen aus dem unermeßlichen Reservoir altböhmischer neuwiener Handwerker herdenweise Stimmvieh zusammentreiben ließ. Und daß hier keine rassistischen, sondern ausschließlich innenpolitische Überlegungen vorlagen, beweist auch der großzügige Satz Luegers: »Wer a Jud is, bestimm i.«[1]

Diese Souveränität beindruckte auch einen entwurzelten Sohn des Innviertels, der als Kunstmaler nicht die erhoffte Karriere gemacht hatte und nun verbittert im Obdachlosenheim in der Wiener Wurlitzergasse herumhockte. Auch er war Rassist, Antisemit und Kleinbürger, aber in Wien hatte er damit wenig Chancen, da er dort stets im Schatten der Quadraturen seiner Weltanschauung stand. Also ging er, wie jedes Talent, das es in Österreich zu etwas bringen möchte, nach Deutschland.

Daß er damit Erfolg hatte, ist hinlänglich bekannt. Was uns nun beschäftigen sollte, ist die immer wieder feststellbare österreichische Nationaleigenschaft der Cliquenbildung, auch »Freunderlwirtschaft« genannt. Es wird dem geneigten Leser sicher schon aufgefallen sein, daß ein Österreicher selten allein kommt. Zumal in den Berliner Literatenkneipen hocken sie stets rudelweise beisammen, finstere Pläne gegen die deutsche Wirtschaft schmiedend, und so war es auch damals.

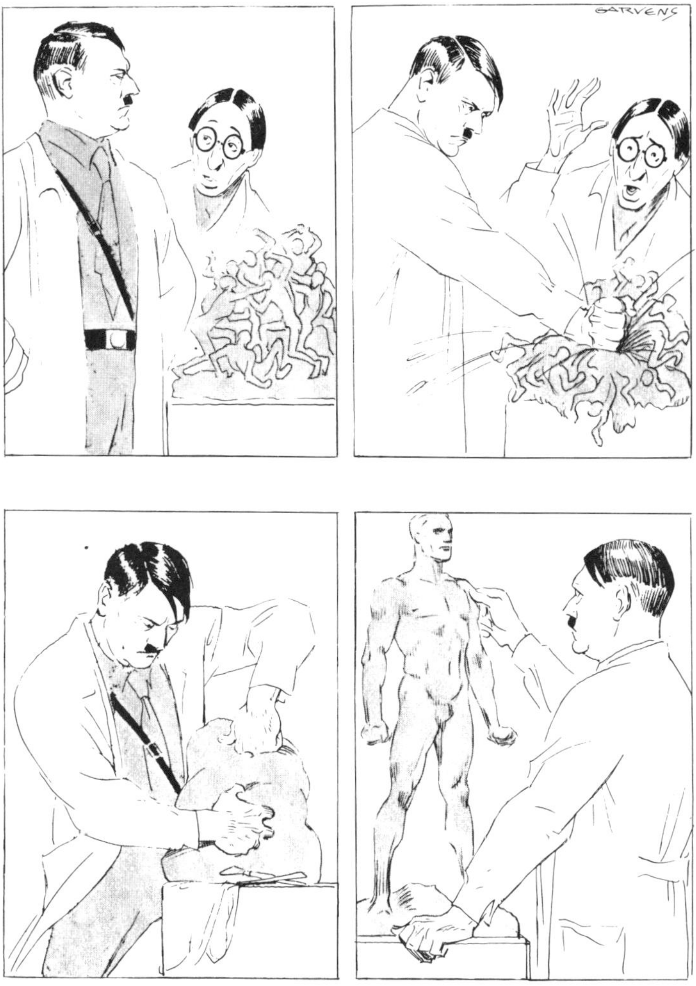

Der Bildhauer Deutschlands

Viel Gunst für schlechte Kunst: Ein Talent aus Österreich.

Daß das Volk der Dichter und Denker in den Ruf eines der Schlächter und Henker kommen konnte, verdankt es nicht zuletzt den immigrierten Vertretern eines der Tänzer und Geiger: Die damals Ostmärker genannten stellten zwar nur 8,5% der Reichsbevölkerung, jedoch einen weit höheren Prozentsatz der KZ-Schergen und anderer Kriegsverbrecher. Mindestens die Hälfte der 6 Milionen ermordeten Juden geht zu Lasten von Österreichern. Vor allem Linz, das sich dem Führer seit je verbunden fühlte, stellte einige der getreuesten Paladine. Von dort kam der Herr Rechtsanwalt Dr. Ernst Kaltenbrunner, der sich im Altreich als Gestapo-Chef einen Namen machte. Von dort kam der Dr. Seyss-Inquart, der zuerst Österreich heimführte und später die Niederlande arisierte. Von dort kam auch Franz Stangl, der Kommandant von Treblinka, der sich jetzt so verzweifelt auf Befehlsnotstand herausredet. Und von dort kam vor allem sein Chef, Adolf Eichmann. Und als der stolze Marsch in ein Tausendjähriges Reich in der Rue de la kack geendet hatte, half den beiden letzteren wieder ein Österreicher und Linzer, der gute Hirte Bischof Houdal, und nur die bösen Juden und da vor allem Simon Wiesenthal sorgten dafür, daß ihnen der bischöfliche Persilschein auch in Brasilien nichts nützte.

Noch aber sind wir beim Aufbruch, und da die ganze Sache äußerst unerquicklich ist, wollen wir nur einige kurze Fakten anführen.[2] Seyss-Inquart zum Beispiel sorgte zusammen mit seinen Landsleuten Dr. Rauter und Dr. Fischböck in den Niederlanden für eine derartige Verösterreicherung, daß die Holländer ihre Beherrscher nur mehr Donauklub nannten.

Adolf Eichmann, der aus seiner langen Linzer Zeit die Vertrauenswürdigkeit der Österreicher kannte, besetzte alle wichtigen Stellen mit Landsleuten. Erich Appel, Karl Bergel, Heinrich Brandt, Anton und Alois Brunner, Adolf Ebert, Karl Fritsch, der Kommandant von KZ Flossenbürg, Herbert Gerbing, der Schlächter von Prag, Ernst Girzick, Obersturmbannführer Goecke aus dem österreichischen KZ Mauthausen, Hermann Höfle von der »Aktion Reinhard«, Karl Hrosinek, Franz Martin, Gerhard Maurer in Auschwitz und Leopold Mildenstein, der Lemberger Henker Roerich, Alfred Slawik und Dr. Franz Stanglizka, wiederum »Aktion Reinhard«, sie alle, alle gehörten dazu und wollten dann nie dazu gehört haben. Den meisten von ihnen hat man das auch abgenommen. Sie leben heute als ehrenwerte Bürger neben uns und gehören schon deshalb in dieses Buch.

Nur einige hatten weniger Glück. Franz Novak zum Beispiel, der alle Judentransporte so korrekt organisiert hatte, kam vor Gericht. Aber das war in Österreich, und daher passierte nicht viel. Auch Dr. Erich Rajakowitsch wurde nicht durch seinen falschen Namen, sondern durch einen echt österreichisch milden Richter gerettet. Klar, daß man dann auch den Kommandanten des KZ Theresienstadt, Seidl und Burger nicht so unrecht tun wollte.
Da hatte Odilo Globocnik vergleichsweise Pech. Als Gauleiter von Wien war er eine ebenso große Niete gewesen wie zuvor, als er der Tarnung halber kurzfristig im Café Herrenhof den Kellner spielte. Dort flog er, weil er nichts Bestelltes pünktlich brachte. Bewährt hat er sich dann als Leiter der »Aktion Reinhard«, indem er etliche Millionen Menschen umbrachte. In dieser Beziehung machte ihm höchstens der Gouverneur Galiziens Konkurrenz, Dr. Gustav Otto Wächter, aber der kehrte reuig in die Arme der Kirche zurück und starb 1948 friedlich im Vatikan.
Ein Studium der diesbezüglichen Dokumente ist deprimierend und muß jeden verzweifeln lassen, der sich in Satire versucht. Man gerät in die Versuchung, »erklären« zu wollen, wo es nichts zu erklären gibt. Hat die österreichische Volksliedmentalität, die dem gemütlich bagatellisierten Tod seit eh und je auf die Schulter klopft, etwas damit zu tun, daß die sadistischsten Mörder aus Österreich kamen? Hat der urösterreichische Hang zu »schwarzem Humor« etwas mit dem Kommandanten des Warschauer Ghettos zu tun, der zuvor als Rechtsanwalt Dr. Sammern-Frankenegg angeblich keiner Fliege ein Leid tun konnte? Gibt es tatsächlich Mesmersche Ströme, die unterirdische Verbindungen zwischen den Ferkeleien Mozarts und der Barbarei Franz Murers, dem Herrscher im Ghetto Wilna bilden könnten? Wie läßt sich die heitere Suburbanität von Graz mit dem Grazer Eduard Roschmann im Rigaer Ghetto vereinbaren?
Wohin man blickt, kaum ein KZ, wo nicht an leitender Stelle Österreicher saßen, kaum eine Sondereinsatzgruppe, zu der sich nicht welche begeistert freiwillig gemeldet hatten. Aber die Freiwilligkeit war bei den österreichischen Nazis ja Tradition, schon ganz zu Anfang hatte sich in Deutschland eine »Österreichische Legion« gebildet, und ein Viertel der »Gefolgsleute der ersten Stunde« waren Österreicher.
Unterhaltsam zu schreiben, ist hier kaum möglich. Das einzig Belustigende ist der Eiertanz, den Österreich um die Tatsachen seiner großdeutschen Vergangenheit aufführte, aber das gehört nicht hierher.

Vielleicht hilft ein Witz, der damals in Österreich kursierte. Wo nämlich ein kleiner burgenländischer Jude zum Rabbi von Parndorf geht und fragt: »Könnense mer bitte nicht sagen, wann der Hitler stirbt?« und der Rabbi klärt und spricht: »Ich kann dir nicht sagen die Stunde und nicht das Jahr. Aber ich kann dir sagen den Tag: Es wird sein ein Feiertag.«
Aber was ein echter Österreicher war, der hörte nicht auf solche Witze, und wenn, dann nur, um ihren Erzähler der Gestapo anzuzeigen. Als Österreicher war man nämlich stolz, einen Landsmann an so prominenter Stelle des Deutschen Reiches sitzen zu haben. Denn sein Nationalstolz ist empfindsam wie die Berufsehre von Schustern, die bekanntlich in jede Meistersinger-Aufführung strömen. Das hätte ein Deutscher nie geschafft, denken sie auch heute noch, und wird ein Österreicher in Deutschland auf seine Nationalität hin schief angesprochen, fragt er höchstens: »Sollen wir euch wieder einen schicken?«

NACHTRAG:
In der Folge dieses Phänomens entstand ein neues österreichisches Bewußtsein. Dazu Genaueres unter *Waldheimsches Syndrom*, Seite 146.

ANMERKUNGEN:

[1] Ein geschichtlicher Treppenwitz ist die Auflösung des traditionsreichen Wiener Antisemitenbundes ausgerechnet durch Hitler. Das haben seine Mitglieder dem ihnen sonst so sympathischen Führer nie verziehen, und daher fühlt sich der ehemalige Geschäftsführer des Vereins und heutige Wiener Gemeinderatsabgeordnete Friedrich Peter immer noch als verhinderter Widerstandskämpfer.

[2] Genaueres bei Simon Wiesenthal und »Eichmann und die Eichmänner«.

DIE BEFREIUNG VOM ÖSTERREICHISCHEN JOCH DURCH DIE ALLIIERTEN

Da der Nabel der Erde bekanntlich in Wien liegt, merkten dort einige der Vorsehung besonders genau auf die Finger Sehende bereits kurz nach Stalingrad, daß es möglicherweise nicht mehr bis zum Endsieg reichen würde.

Damit hatte man nun freilich im ersten Überschwang der Gefühle nicht gerechnet, und krampfhafte Überlegungen setzten ein, wie man dem sich nun anbahnenden Schlamassel doch noch entkommen könnte. Die österreichische Lösung, »sich's zu richten«, lag auf der Hand, aber ganz so einfach schien es diesmal nicht. Vor lauter Anschlußfreude hatte man — ganz im Gegensatz zu sonstigen österreichischen Gepflogenheiten — alle Absicherungsmaßnahmen für eventuelle Fehlschläge vergessen. Nicht einmal eine Exilregierung hatte man gebildet, und das schmerzte plötzlich jene am meisten, die zuvor bei derartigen Plänen am heftigsten dagegen protestiert hatten.

Womit hätte man aber auch eine Exilregierung bilden sollen? Es gab zwar eine Unmenge Emigranten, aber das waren meistens So-

Fingerzeige der Vorsehung: Ostmärker (links, ganz unten), über sein Österreichtum nachzudenken beginnend.

zialdemokraten oder Kommunisten, die man bereits 1934 aus dem Land geschossen hatte. Was ein echter Österreicher war, also ein Austrofaschist, der war daheim geblieben. Dort kamen zwar viele ins KZ, die Mehrzahl aber hatte sich's gerichtet und ihrer schwarzen Seele das Braunhemd übergezogen. Es gab also zuwenig »Schwarze« im Ausland, und den »Roten« hätte man das Spielzeug einer Exilregierung keinesfalls gegönnt, abgesehen davon, daß sie ohnedies nicht auf derartige Ideen kamen.
Zum Glück aber hatte man im Trubel des Anschlusses ausgerechnet in Mexiko, auf das man seit Maximilian und Juarez ohnedies böse war, ein Konsulat übersehen. Man hatte einfach vergessen, diesen unbedeutenden Außenposten von den bedeutenden Ereignissen des Heimgangs in das Große Reich zu verständigen, und da auch die dortigen Beamten echte Österreicher waren, versahen sie weiter ihren Dienst, der vor allem in Gabelfrühstück und Jausen bestand, als wäre nichts geschehen. Auch die mexikanische Regierung übersah diese seltsame Vertretung eines überhaupt nicht existierenden Staates, zumal sich die Österreicher vorsichtshalber gar nicht erst bemerkbar machten, und als die Sache aufkam, war es für die Phantasie österreichischer Juristen eine Kleinigkeit, daraus weittragende völkerrechtliche Folgerungen zu konstruieren.[1]
Das hätte aber auch nichts genützt, hätte nicht Österreich unvermutet einen Beschützer gefunden, mit dem es gar nicht mehr gerechnet hatte. Viele Jahre zuvor hatte er sich, in seinem Heimatland etlicher Banküberfälle wegen angeklagt, als mehr oder minder unfreiwilliger Tourist in Wien aufgehalten, und dabei war er den Österreichern auf ihren »Schmäh« hereingefallen. Die Wiener Selbsterkenntnis »Mir Wiener san scho a Rass'« mißverstand der arme Fremdling völlig, und seither konnte ihn niemand von der Behauptung abbringen, dieses Völkerragout Österreich bilde eine eigene Nation und habe unbedingt den Status einer Nationalität. Mit diesem Aberglauben ging er heim nach Rußland und machte dort eine erstaunliche Karriere. Und da sich mit Stalin niemand gern anlegte, mußten sich seine internationalen Geschäftspartner in Jalta zähneknirschend mit der Marotte des schnurrbärtigen Despoten abfinden, Österreich sei eine Nation und als solche wiederherzustellen. Daß zu diesem Zeitpunkt kein Österreicher derartige Ideen hatte, ist klar. Nur einige verstreute Kommunisten fanden sich in bekannter Moskauhörigkeit mit diesem auch ihnen unbekannten Phänomen kopfschüttelnd ab.

Es ist Churchill zu danken, daß der wodkadampfende Tyrann nicht auch noch mit seiner letzten Forderung durchkam: Bayern an Österreich anzuschließen. Die Folgen wären unausdenkbar gewesen: Franz Joseph Strauß wäre heute ein Österreicher, und als solcher, wie wir bereits gesehen haben . . . Aber das würde hier zu weit führen, zumal derlei Überlegungen bekanntlich stets nur unter dem Damoklesschwert einstweiliger Verfügungen angestellt werden können.

Zurück also zu jener Zeit: die Weichen zu einer österreichischen Lösung waren also gestellt. Der Urheber allen Unheils kam davon, das Deutsche Reich wurde Alleinschuldiger und der Zerschmetterung preisgegeben.

Auch das ging Churchill etwas zu weit. Er meinte, so ganz unschuldig an der Misere sei Österreich nun auch wieder nicht gewesen. Da aber traten, noch ehe Stalin auch dieses Argument entkräften konnte, bereits die Österreicher auf den Plan. Irgendwie war die Nachricht, man sei ohnedies nur ein Opfer, durch die bereits etwas aufgeweichten Fronten in das Hinterland gesickert. Es lag nun nur mehr an dem fürs Komödiantische ohnedies begabten Volk, diese Rolle auch überzeugend zu spielen.

Das war gar nicht so leicht. »Widerstand«, wie ihn in Deutschland unzählige Gruppen so überzeugend und auch märtyrerhaft wahnwitzig geleistet hatten, gab es in Österreich nicht. Dazu war man erstens zu vorsichtig — nur net auffallen! — und zweitens hatte man ja gar nicht soviel gegen diesen großen Sohn der Heimat. Der österreichische Widerstand hatte sich höchstens als Raunzen gezeigt, aber für die nun als Weiß- oder besser Rotweißrot-Macher eingesetzten Zeitgeschichtler war es gar nicht so schwierig, aus jedem Raunzer einen Widerstandskämpfer und aus vielen Raunzern eine Bewegung zu machen.

Vergessen war der jubelnde Heldenplatz, vergessen war jener böse Satz, den Canaris in Berlin in Umlauf gebracht hatte: »Wir haben hier viele hundertprozentige Nazis. In Österreich aber sind sie hundertfünfzigprozentig.« Österreich war ein Opfer und mußte »befreit« werden.

Gewiß gab es auch in der »Ostmark« Widerstandskämpfer. Die aber hat man, als man sie nicht mehr zum Herzeigen brauchte, schnell vergessen. Oder man bezeichnete sie, wobei man sich des Beifalls der in Österreich keinesfalls schweigenden Mehrheit gewiß war, als vaterlandslose Landesverräter, die den an deutschen Fronten kämpfenden Österreichern heimtückisch in den Rücken gefal-

Amnesie als nationale Tugend: Der Heldenplatz in Wien am 13. März 1938 in historischer Sicht (oben) und in österreichischer Sicht (unten). Nach dem unteren Bild spricht der sogenannte Führer vor einigen zufällig des Weges kommenden Wienern.

len seien. So den Oberstleutnant Käs, einen Mann der ersten Stunde, dem Wien zu danken hat, daß es nicht noch mehr zerschossen wurde. Nur wenig Widerspruch wurde laut, als der große Österreicher Kurt Ziesel belferte, »jeder anständige Soldat hätte diesen Kerl mit der Hundepeitsche davon geprügelt«[2], aber dieser Widerspruch kam wiederum nur von den Widerstandskämpfern, und die nahm zu jener Zeit ohnedies niemand mehr für voll.

Eine Bewältigung der Vergangenheit in Österreich gibt es nicht, denn wie der österreichische Herzeigedemokrat und Nationalratspräsident Alfred Maleta gelegentlich im Fernsehen feststellte: »Bewältigung — das klingt doch viel zu sehr nach Gewalt. Wir haben nichts zu bewältigen.«

Nicht einmal eine Vergangenheit haben wir, zumindest was diese Zeit betrifft. In einer jüngst erschienenen »Geschichte Österreichs« liest sich das so: »Der Zweite Weltkrieg gehört zur Weltgeschichte, nicht aber zur eigentlich österreichischen Überlieferung. Er war kein österreichischer Krieg; Österreich hat als Staat an ihm nicht teilgenommen. Daß dies anfangs hunderttausend Österreichern nicht klar war, ist aus den Zeitumständen und der massiven nationalsozialistischen Propaganda her zu erklären, kann aber an der historischen Tatsache nichts ändern.«[3] Na bitte.

Kurz nach 1945 las sich das noch ganz anders, nämlich viel extremer. Man trug plötzlich Patriotismus, und jene Schneider, die das mystische Geheimnis der Anfertigung von Steireranzügen verstanden, hatten goldene Zeiten. Auf jedem Haupt sprossen mehr Gamsbärte, als es je Gemsen gab, und kein Mensch war je auf dem Heldenplatz gewesen. Und wenn, dann nur mit heftigem inneren Widerwillen.

Was sollte man in einer solchen Stunde mit den über siebenhunderttausend »Registrierten«[4] anfangen? Über jene Masse, die es nach ihren eigenen Erklärungen gar nicht gab, zerbrachen sich nun die Staatsleute der ersten Stunde den Kopf.

Denn die Alliierten hatten Österreich »befreit«. Schwierigkeiten gab es nur, als man Leute suchte, die befreit werden und das so unversehens vom Stapel gelaufene Staatsschiff übernehmen wollten. Aus den KZs kamen die alten Austrofaschisten zurück und brachten aus ihrer Leidenszeit sogar etwas demokratische Gesinnung mit. Das war »das österreichische Wunder«, wie Leopold Figl immer sagte. Die emigrierte Linke blieb sicherheitshalber meistens, wo sie gerade war. Nur Wenige kamen in ihr Heimatland zurück, und dort sah man sie anfangs gar nicht so gern. In ihrer Not erinnerten sich die seit 1934 alle mit leicht bekleckerten Westen dastehenden Politiker eines greisen, garantiert unverdächtigen Sozialdemokraten, der bereits 1918 eine »Republik Deutsch-Österreich« gegründet und die Nazizeit in Gloggnitz unbehelligt überstanden hatte, weil er stets für den Anschluß Deutschlands an Österreich plädierte. So wurde Karl Renner zunächst Staatskanzler und dann Bundespräsident. Unter dem Druck der Alliierten begrub er seine Lieblingsidee, wurde auf seine alten Tage Österreicher und bekam schließlich von Alfred Hrdlicka ein Denkmal gesetzt, über das sich ganz Österreich mokierte, weil es von einem »Kommunisten« geschaffen wurde und den Landesvater auch noch so darstellte, wie er aussah.

Damit war Österreich wieder geschaffen, und von einer Mitschuld an der Nazizeit war bald nicht mehr die Rede. Nein, nachdem schon Stalin festgestellt hatte, Österreich sei ein befreites Land, gab man nicht eher Ruhe, bis man seinen Staatsvertrag bekam, und das war nur eine amtliche Bestätigung für etwas, an das man am Anfang weniger geglaubt als sich's eingeredet hatte.

Auch die alten Parteien waren wieder da. Sie nannten sich zwar jetzt ein wenig anders, aber sonst hatte sich nichts geändert.

»Ich muß Ihnen etwas ganz Entsetzliches sagen«, vertraute Alfred Polgar bei seiner Rückkehr einem Journalisten an, »Wien bleibt Wien.«

Die »Registrierten« waren geblieben, eine stattliche Masse Wähler, auf deren Gunst keine Partei verzichten wollte. Da mochten die Widerstandskämpfer, die jene blutrünstige Meute nicht vergessen hatten, noch so sehr zetern. Sie waren ja nur eine verschwindende Minderheit, mit der man keinen Parlamentssitz erobern konnte. »Wir sind ein demokratischer Staat und die Mehrheit entscheidet«, hieß es, und daher machte man schnell und reichlich überstürzt seinen Frieden mit den Nazis. Der österreichischen Farbenlehre entsprechend verteilte sich Braun schön gleichmäßig auf Schwarz und Rot, und dabei blieb es bis auf den heutigen Tag.

Auf der Strecke blieben nur die Widerstandskämpfer. Sie endeten, von allen ignoriert, in einsamer Verbitterung, und das mehr als bescheidene Mahnmal, das sie sich aus eigenen Mitteln schließlich errichten durften, wird noch heute mit schöner Regelmäßigkeit besudelt oder mit kleinen Hakenkreuzchen garniert.

Die Welt mußte sich also damit abfinden, daß es Österreich wieder gab. Allerdings blieben die Alliierten wachsam in dem frisch befreiten Land sitzen, dessen Prädestination zum internationalen

Weaner Charme in Moskau

Zeichnung: H. E. Köhler

Dolchstoß mit Gemüt: der sowjetische Verhandlungspartner muß seine Interessenpolitik 1955 auf dem Altar seiner sensiblen Seele opfern. Den eiskalten österreichischen Zynismus verrät Figls Bemerkung: »Und jetzt, Raab – jetzt noch d'Reblaus, dann sans waach!«

Gefahrenherd ihnen nicht entgangen war. Was lag den Österreichern näher, als sich so bald wie möglich dieser unbequemen Aufpasser zu entledigen? Nach zehn Jahren hatten sie's dann geschafft: 1955 bekam Österreich den Staatsvertrag und damit auch die schriftliche Bestätigung, immer unschuldig gewesen zu sein. Mit welchen Mitteln dieses wichtige Schriftstück erschlichen wurde, beweist die obige Zeichnung H. E. Köhlers.

Ein Wunder, daß die Österreicher ihrem Leopold Figl, der seine Leber in den Dienst des Vaterlandes stellte, dankten und ihn zu einer nur dem Grafen Bobby vergleichbaren Witzfigur machten? Nur daß er starb, konnten sie ihm nicht verzeihen, und so lassen sie nun seine Witwe von den Flaschenpfändern des Verblichenen leben.

Ein Wunder, daß die Österreicher nach all den guten Erfahrungen ihrer Vergangenheitsbewältigung die wenigen Nazis, die sie aus Rücksicht auf ein erstauntes Ausland doch vor Gericht stellen mußten, mit Glacéhandschuhen anfaßten wie kein anderes Land? Über die chronique scandaleuse dieser Prozesse zu berichten, würde den Rahmen eines letzen Endes humoristisch sein sollenden Buches bei weitem sprengen und wird ja auch Anderen schwer gemacht. Das Stehaufmännchen Österreich hatte es wieder einmal geschafft, während Deutschland geteilt darniederlag.

Das kümmerte die Österreicher allerdings wenig, denn Mitleid hatten sie seit je höchstens Tieren gegenüber aufbringen können. Sie waren schließlich von »den Deutschen« vergewaltigt worden, und der hunderttausendfache Orgasmusschrei von Linz und Wien war sozusagen nur aufgrund biologischer Gesetzmäßigkeiten, also irrtümlich erfolgt. Um aber trotz augenscheinlicher Deflorationsmerkmale wieder ehrbar dastehen zu können, mußte man doch vom Täter Schadenersatz verlangen, in diesem Fall also Wiedergutmachung für Schäden, die von Nazis angerichtet worden waren. Hochgestimmt und unter Berufung auf den Staatsvertrag präsentierte man der Bundesrepublik eine geschmalzene Rechnung.

Adenauer, undiplomatisch wie immer, hatte für dieses duftige Produkt Metternichscher Kanzleilogik kein Verständnis. Wenn Österreich unbedingt etwas wolle, könne er ihnen ja die Gebeine von Adolf Hitler schicken. Das aber konnte die Österreicher in ihrem Vernichtungswillen nur stärken.

Leider hatten die Alliierten im Staatsvertrag einen tückischen, österreichischen Tatendrang lähmenden Paragraphen hinterlassen: Österreich dürfe sich nicht mehr in die deutsche Politik einmischen. Die aber lag als Folge des letzten österreichischen Regimes ohnedies am Boden, jedenfalls konnte es keinen Österreicher reizen, das totale Gewirr, das nach dem großen Sohn Braunaus hinterblieben war, wieder in ordentliche Zipfelhauben umzustricken. Ein Charakterzug der Östereicher war es seit je, Taten zu setzen und die Folgen anderen zu überlassen.

(An diese Stelle gehört eine lückenlose Geschichte des Deutschen Reiches seit 1945, also die Geschichte der B.R.D., der »Zone«, »dieses Gebildes«, des »Unrechtsstaates«, der DDR, Polens, der CSSR und kleiner Landstriche der UdSSR. Sie zu schreiben, ohne einen Eiertanz um die so reichlich verstreuten Tabus aufführen zu müssen, Eiterbeulen aufzustechen und alte Narben frisch zu pflastern, Vertriebene und Vertreiber gleichermaßen aufheulen zu lassen, ist — wie jeder in dieser Materie bis zum Hals Steckende gerne bestätigen wird — ein Ding der Unmöglichkeit. Soll sich ein Österreicher vielleicht gar noch darauf einlassen, die Folgen zu bedenken, die daraus entstanden, einem österreichischen Tapezierer auf den Leim gegangen zu sein? Daher wollen wir das zweifellos Notwendige auch hier unterbleiben lassen.)

Da der neuerliche Griff ans deutsche Steuer den Österreichern somit versagt blieb, suchten und fanden sie neue Wege. Der seit 1866 pausenlos geführte Krieg wurde mit heimtückisch versteckten Aktionen weiterbetrieben. Bei der knappen Zeit von fünfundzwanzig Jahren ohne genügende Distanz, um alle mittlerweile geführten Anschläge in ihrer vollen historischen Tragweite zu würdigen, können wir nur Beispiele herausgreifen, also wahllos einige Perlen aus dem Sumpf fischen, in den sich Deutschland durch Österreichs Eingreifen verwandelt hat.

Zum Beispiel besitzt Österreich seit dem Verlust der Adriahäfen keine eigene Flotte mehr — und mit der Donaudampfschiffahrtsgesellschaft läßt sich kein Staat machen. Dennoch hat es dieses kleine Binnenland geschafft, mitten im tiefsten, heute »Frieden« genannten Kalten Krieg die deutsche U-Boot-Flotte zu versenken: durch Lieferung porösen und irreführend als »antimagnetisch« bezeichneten Stahls. Dabei handelt es sich nicht nur um eine jeder Genfer Konvention spottende kriegerische Handlung, sondern auch um ein Beispiel spezifisch österreichischen Undanks, denn die als Lieferantin auftretende VOEST war ein Geschenk des Deutschen Hermann Göring an das dazumal in dieser Beziehung unterentwickelte Österreich.

Nicht genug damit, versucht Österreich augenblicklich, die Unzahl der Dolchstoßlegenden um einen konkreten Fall zu bereichern: den Dolchstoß ohne Dolch, indem es durch Abrüstung des Bundesheeres die deutsche Südostflanke entblößt und so der Steppe preisgibt.

Aber nicht nur auf den Gebieten militärischer Strategie versucht sich Österreich immer wieder. Auch in die deutsche Tagespolitik mischt es sich kräftig ein, zumal durch die Karikaturisten Paul Flora und Ironimus, vor denen kein Staatsvertrag die BRD schützen kann. Auch die subtilere Manipulation beherrschen die Österreicher perfekt: Heimtückisch sickert das österreichische Fernsehen in deutsche Lande und wird dort sogar gern gesehen, obwohl bereits sein Pausenzeichen, zu dem in Mozarts »Zauberflöte« ein edles Menschenpaar unglaubliche Torturen erdulden muß, über die wahre Natur dieses flimmernden Giftes hinlänglich aufklären müßte.

Aber hier sind wir schon bei der aktuellen österreichischen Gefahr angelangt, mit der wir uns nun befassen müssen, mutig dem nackten Gamsbart ins Auge sehend.

ANMERKUNGEN:

[1] Jahrelang ließ die Frage, ob Österreich nun annektiert oder okkupiert worden sei, links und rechts einander in die Haare geraten. Die Sozialisten bezweckten mit ihrem Annexionsstandpunkt hinterhältigerweise eine Verfassungsänderung, bei der zweifellos ein liberales Unding, etwa dem deutschen Grundgesetz vergleichbar, herausgekommen wäre. Aber schließlich blieb man lieber beim Alten, da sich so viel unumschränkter regieren läßt.

[2] So geschehen im »Wiener Montag«, der bei österreichischen Lesern der »National- und Soldatenzeitung« so lange Konkurrenz machte, bis er von ihr aufgekauft wurde.

[3] Ernst Joseph Görlich — Felix Romanik »Geschichte Österreichs«, Innsbruck, 1970, S. 551

[4] Es fanden tatsächlich, unter dem Druck der Allierten, schüchterne Versuche statt, ehemalige PGs zu registrieren und nach Schweregraden einzureihen. Aber schon beim ersten Anlauf verlief die Sache im Sand, und Theodor Ottowa kommentierte 1945 schadenfroh: »Nur die Dummen erwischt man. Und die verdienen's nicht besser.«

[5] Natürlich berichtete die »Bunte Illustrierte« ausführlich darüber.

In ernster Stunde an den Grenzen des bedrohten Freistaates – wird die Gefahr aus dem Osten auch noch das letzte Bollwerk deutschen Wesens überrollen?

DAS AUSTRO-BAYUVARISCHE SYNDROM (ABS)

Man muß Geschichte eben können.
(ein deutscher, durch regelmäßigen Österreichurlaub allerdings geistig etwas beeinträchtigter Spitzenpolitiker)

Hier muß nun endlich ein sommerlochfüllendes, in seiner Tiefe jedoch noch nie vollständig ausgelotetes Phänomen gewürdigt werden, das sich nur scheinbar an Spaltprodukten entzündet, dafür aber die präalpinen Gemüter heftiger schäumen läßt als gewiefte Zapfmeister das Bier beim Oktoberfest. Es geht also um Gemeinsamkeiten, wie sie seit je und vor allem unter sonst denkenden Menschen für die heftigsten Streitfälle gut waren. In diesem Falle müssen es besonders ausgeprägte sein, denn sonst wäre das schlagzeilenproduzierende Gefurze des Sommers 86 nicht zu erklären – das kann ja kein Riß zwischen Bruder- und Schwesterparteien gewesen sein oder zum halbideologischen Gegner, aus dem das hochdampfte, nein, soviel Unverdautes und Ungenießbares kann nur aus tieferen Odelgruben hochblubbern denn aus Strahlenmüll, und tatsächlich verlieren sich die Ursprünge des ABS (wie es künftig der Einfachheit wegen genannt werden soll) in tiefgrauer, besser schwärzester Vergangenheit.

Stets nämlich hielt sich in Bayern der hartnäckige Aberglaube, Österreichs Kultivierung sei auf dem Wege bayerischer Kolonisierung erfolgt, zumindest die Oberösterreichs und des Salzkammergutes. Tatsächlich gab es da einen Bayernherzog Tassilo, der in jene damals etwas desolate Gegend etliche Mönche hetzte, weniger zur höheren Ehre Gottes als zu seiner, und der dem Stift Kremsmünster einen berühmten Kelch aus minderwertigem Material hinterließ. Nun wissen wir zur Genüge, daß sich der derzeitige Herr von Bayerns Staatskanzlei als Erbe aller bayerischen Herzöge und Könige versteht, doch so einfach lassen sich aus diesem Fakt keine bayerischen Großmachtansprüche ableiten – die Österreicher entledigten sich des bayerischen Joches sehr schnell und listig, und nur das Bierunwesen und etliche Kerne hartnäckiger Reaktion blieben als Erinnerung erhalten. Die Folgezeit zeigt, daß die Austragung des ABS auch mit schlagkräftigeren Waffen als nur Keferlohern erfolgte und sich stets mit den lächerlichsten Anlässen zufrieden gab. Zwischen 1309 und 1311 tobte beispielsweise ein höchst lächerlicher Krieg um die damals wie auch heute bestehende Grenze zwischen diesen beiden Unwesen, dann stritten ab 1314 Ludwig von Bayern und ein gewisser Friedrich von Habsburg um die deutsche Kaiserwürde. Am 20. September 1322 erfolgte eine Zwischenentscheidung: Durch eine üble Kriegslist konnten die Bayern den Österreicher gefangen nehmen, worauf sie noch heute so stolz sind, daß einem gewissen Schweppermann ein volksmundiges Extraei verpaßt wird. Das Ende der Affäre war allerdings seltsam: 1325 einigten sich die Kampfhähne darauf, künftig den Rest der Welt gemeinsam zu verheeren, und solch unselige Koalitionen hat es in der weiteren Geschichte noch einige Male gegeben (von 1866 ganz zu schweigen).

Worum ging und geht es bei dem ABS? Vordergründig um Besitzstand, z.B. zwischen 1364 und 69 um Tirol, auf das Bayern seit je lüstern war. Was schon damals nicht klappte, wurde mit bayuwarischer Hartnäckigkeit weiter verfolgt, und als Napoleon endlich den Bayern ihre Sach zuteilen wollte, boten die listigen Österreicher als Geheimwaffe Andreas Hofer auf. Vor allem aber ging es um Würde. Obwohl die Österreicher den Bayern schon 1623 gestattet hatten, sich einen Kurfürsten zu halten, strebten sie immer wieder nach der Kaiserwürde. Nun wissen wir von dem Einen, Einzigen Derzeitigen, daß Bayern wirklich nichts Geringeres zusteht, doch die sturen Österreicher weigerten sich stets, dies einzusehen und entsprechend zu würdigen. Ein trauriges Beispiel für österreichische Intransingenz diesem doch normal bayerischen Bedürfnis gegenüber ist das Schicksal Karl Albrechts von Bayern, der 1742 als Karl VII. zum deutschen Kaiser gewählt wurde.

Zweifellos war er ein verdienstvoller Fürst. Bereits ein Jahr vor seiner Kaiserwahl hatte er Böhmen von Österreich befreit und auch diese Königswürde auf seine Schultern genommen, dann hatte er Teile Oberösterreichs der Libertas Bavariae einverleibt, doch Österreich überzog diesen im Grunde friedfertigen Fürsten mit einem geradezu verheerenden Krieg, in dessen Verlauf München wiederholt von der Soldateska des Ostens besetzt wurde.

Die Auswirkungen dieser wahnwitzigen Expansion sind heute noch kaum übersehbar. Der anhaltende Kontakt mit den Österreichern erzeugte erst jenen bayerischen Charakter, der heute noch jedem kultivierten Menschen mit Schaudern auffällt, und die durch den Kriegsverlauf erzwungene Abwesenheit ihres Landesherrn produzierte jenes Tauma, mit dem seither Bayern schon mehr als masochistisch an ihren jeweiligen Königen hängen.

Der Friede, den Max Joseph 1745 schließen mußte, ist ein Schandfleck bayerischer Geschichte, den weder die verbündeten Franzosen noch die Preußen verhindern konnten: Böhmen kam wieder unter das österreichische Joch, aus dem es sich erst 1918 befreien konnte, Schärding und etliche liebliche Orte im Inntal wie z. B. Braunau gingen unrettbar und für immer verloren, und nur Rott am Inn blieb, mehr durch Zufall, weißblau. Man stelle sich vor, was der Verlust dieser bedeutenden Ortschaft an Folgen für die weitere Geschichte Deutschlands bedeutet hätte: Der bedeutendste Sohn jenes Kaffs hätte dann nach den Erfahrungen mit einem Braunauer höchstens in Österreich Karriere machen können, und was dann unserer Republik widerfahren wäre, ließe sich höchstens als Spiegelbild unserer jüngsten Sommertheater vorstellen, in seinen Konsequenzen jedoch lieber nicht ausdenken – Deutschlands schönste Männerfreundschaft wäre z. B. eine internationale, Lockheed hätte die österreichischen Skandale um einen weiteren bereichert, von HS 30 und ähnlichen Bagatellen ganz zu schweigen, und womöglich würde in Bayern gar die Bayernpartei regieren. Ach, die Geschichte unserer Republik müßte dann nicht nur neu geschrieben werden, sie hätte in ihren schönsten Auswüchsen gar nicht erst stattgefunden.
Womit wir zwanglos zu dem weltbewegenden Ereignis des Sommers 86 gelangen, in dem das ABS zu schönster Deutlichkeit aufwaberte. Hier ging es nämlich eindeutig nicht um eine von der bayerischen Staatsregierung wacker übernommene Wiederaufbereitung alten Unbills, sondern um die heiligsten Grundwerte, die nicht nur alpine und präalpine Leidermußrepublikaner beschäftigen: Ziemt dem Volk besser eine starke oder eine schwache Regierung?
Österreich bot nun in den letzten 16 Jahren wirklich das Bild einer schwachen Staatsmacht, wie sie nur dadurch so verrottet, daß man dem Volk ein bißchen Mitspracherecht einräumt. Man bedenke: Da hielten die sich zwar ihren Kreisky als Ersatzkaiser, aber sein Lieblingsspielzeug, das Kernkraftwerk Zwentendorf, durfte der nicht in Betrieb nehmen. Einfach, weil sich die bösen Österreicher per Volksentscheid und einer hauchdünnen Mehrheit dagegen ausgesprochen hatten. Natürlich grummelte Kreisky seinem Volk und wollte sich eigentlich überhaupt nicht fügen. Die Gewerkschaften rief er zu Hilfe – diese im Grunde höchst unpolitischen Vereine hatten ja auch Helmut Schmidt diesbezüglich selbstloseste Hilfe gewährt –, und sogar an einen Allparteienentscheid dachte er. Nichts da, die Österreicher wollten nicht, und grollend zog sich Kaiser Bruno aufs Altenteil zurück. Ein jeden anständigen und auch noch bayerischen

Ministerpräsidenten zutiefst abschreckendes Beispiel, das in seiner schlimmsten Häßlichkeit erst recht offenbar wurde, als die bösen Russen ihr Tschernobyl in die Luft fliegen ließen, um unsere Kernkraftlobby zu verunsichern. Sollte da gar nicht nur von jenseits des Mains, sondern auch von der für sicher gehaltenen Ostgrenze verderblich Demokratisches auf die heile weißblaue Welt herüberzuschwappen drohen?

Starke Regierungen zeigen sich zunächst einmal durch starke Projekte. Starke Projekte, sei das nun ein Neubau für eine Staatskanzlei oder eben eine anderswo »politisch nicht durchsetzbare« Wiederaufbereitungsanlage erkennt man daran, daß sie ihr starker Betreiber gegen eine ganze Welt von Feinden durchsetzen, -ziehen und -drücken muß. Erstens kann man so Albrecht und der CDU zeigen, daß man's nicht bei Leineschloß und Salzstock bewenden lassen muß, und zweitens setzt sich auf diese Weise der Landesherr ein Denkmal vorgerückten Gottesgnadentums. Fliegt das einmal in die Luft, wäre dies im Falle Staatskanzlei aus ästhetischen Gründen zu begrüßen, im Falle Wackersdorf auch nur eine innerbayrische Angelegenheit, die niemand sonst was anginge.

Nomen est omen, wie unser großer Humanist weiß, und der Standort steht auch für Methode. Wacker dürfen hier die vereinten Zivilstreitkräfte den Entsorgungspark gegen das Volk verteidigen, und endlich konnte hier eine dem Brudervolk entlehnte Friedensgrenze installiert werden. Auch Gummigeschoße und ähnliche Feinheiten stehen bereit – was geht das eigentlich die Österreicher an? Aber so sind sie eben. Frech wollen sie in das Lieblingsprojekt unseres Ersatzkönigs dreinreden und behaupten dabei auch noch, sie hätten Angst.

Die Kette der österreichischen Provokationen begann am 1. Februar 86 in Regensburg, als ein Mensch aus Schärding namens Friedrich Spöttl das dortige Kolpinhaus belagerte. In diesem tagte der Wirtschaftsrat der Union gemeinsam mit Vertretern der CSU und der Betreiberfirma von Wackersdorf zum Thema »Bedeutung der WAA für die deutsche Wirtschaft«. Obwohl viele Beamte aufgeboten werden mußten, den Störfriedrich auszuschalten, wagte derselbe am 20. Juni wieder eine Einreise in unsere Republik, worauf er für 50 Tage in Untersuchungshaft genommen und anschließend wegen »Landfriedensbruch, Verstoß gegen das Versammlungsgesetz, Nötigung, Beleidigung und Widerstand gegen Vollstreckungsbeamte« zu einer beachtlichen Beitragszahlung an unsere notleidende Staatskasse verurteilt werden mußte.

Schon dieses Beispiel zeigt schmerzhaft, wieviel juristische Phantasie aufgeboten werden muß, nur einen einzigen Österreicher zu ruinieren, und vor diesem Hintergrund ist nur allzu verständlich, daß sich Bayerns Staatsregierung am 17. Juni hilfesuchend an die österreichische wandte: Ob man denn nicht gefälligerweise die Daten sämtlicher rotweißroter AKW-Gegner liefern möchte? Und was geschah daraufhin? Frech überflogen österreichische Militärmaschinen weißblauen Luftraum, wogegen zu protestieren Bayerns Stoiber den von Strauß auch sonst wenig geschätzten Genscher anhalten mußte. Das war schließlich eine eindeutige Provokation – hatte doch der große Mann aus Bayern anläßlich einer Pressekonferenz zum Thema WAA »halb im Scherz« angekündigt, der Flughafen Salzburg werde in Schwierigkeiten geraten, wenn seine Landebahn nicht mehr von bayerischem Territorium aus angeflogen werden dürfe. Oder deuteten sich hier Absichten wie 1742 an?
Einen Hinweis dafür bietet der Versuch von Österreichs ohnedies profilneurotischem Vizekanzler Steger, Ende Juli zu einer Anti-WAA-Kundgebung anzureisen. Vorsorglich ließ München in Bonn prüfen, ob man diesem unerwünschten Ausländer die Einreise verbieten könne, und dann erging an die Grenzstellen die Anweisung, den Chaoten zumindest »nach Waffen zu untersuchen«. Und nun, Juli war's, mußte Bayerns Staatsregierung kräftig zupacken. Zum einen mußte sie dem Bundesaußenminister vorwerfen, er habe »seine Amtspflicht gröblich verletzt«, indem er nicht »schon im diplomatischen Vorfeld« den geplanten Einmarsch Stegers verhindert habe; zum anderen mußte die Grenze gegen reisende Rotweißrotchaoten verteidigt werden, die sich auch noch als solche gekennzeichnet hatten und teilweise sogar als Geistliche vermummt; drittens schließlich mußte FJS persönlich zur Feder greifen.
Das war denn auch die Höhe: Ausgerechnet dieser Kurt Waldheim, der in Sachen Vergangenheit so ein schlechtes Gedächtnis hat, wagte an Strauß das Ansinnen, die strahlende Zukunft »zu überdenken«. Gottseidank hatte er nicht Nachdenklichkeit verlangt oder gar Denken, nur Überdenken, was in etwa ebenso sorgfältig zu geschehen hat wie Überfliegen, doch selbst dieses war, so Strauß in einer ihm aufgezwungenen Verteidigung, »eine Zumutung«. Und ferner: »Das Überdenken erfolgt bei uns in Deutschland laufend« – wir wissen ja: Peripathetik, zum Laufen gesteigert, gehört wie der Schritt in die richtige Richtung, das Aussitzen und das Von-etwas-ausgehen zur neueren politischen Schenkelmoral –, sowie: »Es hat keinen Sinn, die gute Nachbarschaft dadurch zu stören und die persönliche sowie

politische Atmosphäre zu vergiften...« Weshalb die Österreicher gefälligst ihre »Wissenslücke« schließen und ihre »pseudo-religiösen Weltuntergangspredigten« bleiben lassen sollten.
Durchaus moderate Töne aus München also, und dennoch mußte die *Süddeutsche Zeitung* am 25. Juli melden: »Österreich will sich die Tonart aus München nicht mehr gefallen lassen«. Da dies die Hauptschlagzeile war, erschauderte das Abendland und blickte gespannt in den Alpenraum. Wie immer bei internationalen Krisen kam Genscher angereist, auch Kohl fuhr stracks an den Wolfgangsee – noch nie in ihrer Geschichte hatte die Bundesrepublik so hart am Abgrund eines Krieges gestanden, und die Schützenvereine Österreichs, den Bayern seit Hofer ohnedies nicht grün, wurden bereits mobilisiert.
Wir sind, wie bekannt, noch einmal davongekommen, den zähen Geheimverhandlungen unseres Kanzlers sei Dank. Er konnte die kriegslüsternen Österreicher noch einmal beschwichtigen – bis zum nächsten Kraftwort aus Bayern. Dann aber! Dann wird Österreich mit einer Armee aus Kellnern, Trachtengruppen, Alleinunterhaltern sowie ein paar Soldaten in Bayern einfallen, von Salzburg aus geschützt durch ein Sperrfeuer von Mozartkugeln, und die Bundesrepublik wird sich neutral verhalten, bis Strauß aus dem Freistaat flüchten und um Exil in Chile oder Südafrika ansuchen muß. Dann allerdings wird in Bonn energisch zum Frieden gebeten, und das Ergebnis wird der Anschluß Bayerns an Deutschland sein.
Das Grinsen unseres Kanzlers, als er sich an der Seite seines österreichischen Amtskollegen nach den Verhandlungen zeigte, läßt vermuten, daß er als unser größter Taktiker die Vorteile einer solchen Katastrophe zu schätzen weiß. Als Patrioten aber sollten wir mißtrauisch bleiben: Vielleicht ist Kohl auch ein Geheimagent Österreichs?

DER GRIFF NACH DEN MEDIEN

Musik

Eine typisch österreichische Eigenschaft ist, sich niemals konkret ausdrücken zu wollen, und daher wird es niemandem wunder nehmen, daß man Österreicher besonders häufig dort findet, wo es gilt, verschwommene Gefühle in nicht verstandesgemäß nachvollziehender Weise zu äußern: der Musik.

Nun müssen wir aber gleich der verbreiteten Falschmeinung entgegentreten, die Österreicher seien »das Volk der Tänzer und Geiger«. Nein, erst verhältnismäßig spät verseuchten sie diesen Musenhain. Erst, nachdem ein Großteil aller musikalischen Entdeckungen mühevoll gesät war, ernteten die Österreicher.

Kaiser Maximilian, der letzte Ritter, mußte aus den Niederlanden Heinrich Isaac holen, die späteren Kaiser italienische Musici, wenn sie anderes hören wollten als kropfbandgegürtetes Jodeln.

Die Großmeister der Musik, Johann Sebastian Bach, Georg Friedrich Händel, Heinrich Schütz und Christoph Willibald Gluck, waren ehrbare Deutsche, und Österreich besaß in jenen Zeiten nur den heillos dilettierenden Kaiser Leopold und einige welsche Musikmacher. Erst ein Burgenländer streckte die österreichische Hand in das jungfräuliche Heiligtum Musik, und bezeichnenderweise schuf er keinen originären Stil, sondern imitierte mit seinen Werken ausgerechnet den charakterschwächsten Sohn des großen Thomaskantors, Johann Christian Bach. Aber: Joseph Haydn hatte Erfolg. Zunächst gelang es ihm zwar nur, bei einem unkultivierten ungarischen Fürsten eine einträgliche Pfründe zu ergeigen, doch bald wurde er mit den Kernsätzen der sagenhaften Protokolle der Weisen von Wien vertraut, deren für das Kulturleben wichtigster von Fritz von Herzmanovsky-Orlando folgendermaßen formuliert wurde:

Eines Österreichers Chance auf Karriere
ist, wenn er zu Hause bleibt, nicht groß.
Nur wer Sitzfleisch hat, der bringt's zu Ruhm und Ehre —
der Erfolg ist eine Frage des Popos.
Man erwirbt ihn nicht, nein, man ersitzt ihn bloß.
Wer Talent hat, und wem noch zu raten wäre,
soll ins Ausland Karriere machen gehn.
Kommt er wieder mit gemachter Karriere —
in der Heimat, in der Heimat gibt's dann kein Wider-
wider-widersteh'n.
In der Heimat, in der Heimat gibt's dann kein Widersteh'n.[1]

So ging Haydn nach London, und als er zurückkam, glaubte ganz Europa, Österreich sei ein Musikland, zumal die österreichische Maffia ihre stärkste musikalische Wunderwaffe bereits abgeschossen hatte: bezeichnenderweise ein Kleinkind. In genauer Kenntnis der deutschen Psyche, die sich seit eh und je von Tieren und Kleinkindern rühren ließ, baute ein Stellv. Salzburger Hofkapellmeister einen gigantischen Früh-Heintje auf: Wolfgang Amadeus Mozart. Kaum ein Musiker wurde und wird so verkannt wie Mozart. Österreichische »Historiker« haben eine rührende Legende aus seinem Leben gezimmert, andere rühmen seine »Genialität« — wobei die wenigen, ehrlich nationalbewußten Geschichtsschreiber feststellen müssen, »daß er nicht als bewußter Neuerer auftrat, sondern stets an das Vorhandene anknüpfte«[2]. Also: nicht einmal Eigenständiges!

Dafür aber führte dieses »Genie« einen Lebenswandel, der nicht nur zu seinem frühzeitigen Tod führte, sondern auch dazu, daß sich heute noch jedem sittlich normal Empfindenden die Schamhaare sträuben. Bekannt ist, daß er sich als Zuhälter seiner eigenen Frau betätigte, sich außerdem, statt zu komponieren, lieber in Bordellen herumtrieb und daher zur Komposition der »Zauberflöte« von seinem Auftraggeber in ein Gartenhaus eingeschlossen werden mußte, daß er außerdem höchst liederliche Werke verfaßte und bei seinem Tod eine Wiener Straßendirne mit 13 Gulden als Gläubigerin hatte. Daß er zudem noch Freimaurer war, wollen wir gar nicht erst erwähnen. Seine widerlichen Publicity-Tricks — zum Beispiel Abküssen der österreichischen Kaiserin vor einem Konzert und unverschämt kindliche »Heiratsanträge« an die damalige Prinzessin Maria Antoinette — kamen derart gut an, daß in der Folge

Deutsche Kultur im Zangengriff: Ludwig van Beethoven in der Maske Fritz Kortners.

der hochbegabte Bonner Musiker L. v. Beethoven nach Wien gehen mußte, um von der deutschen Öffentlichkeit ernst genommen zu werden.

Immer häufiger verdrängten nun Österreicher deutsche Musiker aus ihrem angeborenen Tantiemenraum. So mannhaft sich auch Goethe für seinen genialen Lieblingskomponisten Zelter einsetzte — die Nachwelt ließ sich vom tragisch-romantischen Flair eines Franz Schubert blenden, von dem wir durch genauere Nachforschungen wissen, daß er dem Rauschgift Alkohol verfallen war.

Immer deutlicher wurde die Absicht der Österreicher sichtbar, das deutsche Wesen mit fremder Dekadenz zu zersetzen. Hat der seines sittenlosen Lebenswandels wegen zurecht berüchtigte Franz Liszt etwa deutsche Rhapsodien geschrieben? Dafür wird aber auch bei ihm sichtbar, wie sich österreichische und römisch-katholische Machtinteressen zur Vernichtung der deutschen Seele verbanden: Liszt starb als Angehöriger der III. Klasse des Franziskanerordens, und wenig später versuchte der aus dem für Deutschland besonders verhängnisvollen Oberösterreich stammende Anton Bruckner, Richard Wagners erhaben nordische Musik penetrant katholisch nachzuäffen.

Wir wollen nicht auf alle eingehen, die auf den Wellen rauschender Klänge über den Inn geschwemmt wurden, Anton Diabelli und Carl Czerny beispielsweise, die Generationen deutscher Klavierschüler jede Lust an der Musik geraubt haben, Hugo Wolf, der bezeichnenderweise geisteskrank starb, die Austro-Böhmen

Anton Dvorak, Friedrich Smetana und Leo Janacec, die Ungarn Bela Bartok und Szoltan Kodaly — sie alle setzten eine Unterwanderung fort, die mit Oswald von Wolkenstein begonnen hatte.
Uns genügt die Tatsache, daß sie alle Österreicher waren. Gegen ihre Erfolge konnte kein aufrechter Deutscher aufkommen, Richard Wagner vielleicht ausgenommen, aber der war jüdisch versippt. Und wenn in Deutschland sich endlich wieder ein Musiker regte — sofort machte sich ein Österreicher an ihn heran mit dem Erfolg, daß auch der nationalbewußteste Musikcharakter bald korrumpiert war. Wer schrieb für den großen Richard Strauß die Libretti? Der Österreicher Hugo von Hofmannsthal, der in Machwerken wie dem »Rosenkavalier« deutlich seine Wienerischen Spuren hinterließ. So sehr hatte dieser Dekadent den arglosen Bayern in seiner Hand, daß dieser auch nicht hörte, als ihn ein anderer großer Österreicher auf die Veretzung der musikalischen Rassenfrage aufmerksam machte, und sich im Gegenteil sogar noch mit Stefan Zweig einließ. Ein typisches Beispiel solcher Korruptionsversuche lieferte auch Franz Liszt: Er gab seine Tochter Cosima dem deutschen Dirigenten Hans von Bülow zur Frau. Leichtlebig wie alle Österreicherinnen — zum Beispiel Sissy! — lief sie diesem jedoch bald davon und austrisierte Richard Wagner, der sich davon bis an sein Lebensende nicht befreien konnte.
Auch die Entartung der Musik, dieses traurige Kapitel des Verfalls, wurde von Österreichern geschrieben. Bezeichnend ist, daß sie in ihrem Heimatland, das immer auf Sauberkeit hielt, aufs Erbittertste bekämpft wurden — Deutschland mit ihrem pervertierten Geschmack zu unterjochen, gelang ihnen hingegen spielend. Nur mit Widerwillen schreiben wir ihre Namen, nach deren Klang sich bereits jeder Gutgesinnte ein eindeutiges Bild machen kann: Gustav Mahler, Arnold Schönberg, Alban Berg und Anton von Webern.[3]
Aber nicht nur die heilige Musik wurde ein Instrument österreichischen Weltmachtstrebens, die Österreicher prostituierten sie sogar, um sie als »leichte Muse« noch besser beherrschen zu können. Wie wurde deutscher Ernst durch österreichische Flachheit zersetzt! Wie verflachte der gute, ordentliche Stechschritt durch aus Österreich eingeschleustes Walzertrippeln! Wir müssen nur die beredte Klage deutscher Sittenschilderer aus jener Zeit lesen, um zu erfassen,welche Zügellosigkeit, welcher seelische Unrat von Österreich aus der dunklen Gosse in die strahlenden Ballsäle gewirbelt wurde. Die große, heilige Oper wurde in ihren Händen zur Operette ba-

stardisiert, das Vorspiel heiligen Bühnenspiels zur sinnentleerten Ouverture degradiert — und hinter all dem standen Österreicher. Ferdinand Lanner und Johann Strauß Vater am Anfang der unheilvollen Linie. Sehr bald traten aber auch schon die wahren Absichten jener »Komponisten« zutage: In der »Fledermaus« verherrlicht Johann Strauß Sohn zügelloseste Unsittlichkeit, im »Bettelstudent« verhöhnt Karl Millöcker den deutschen Volksstamm der Sachsen, Joseph Strauß spielt in seinen »Dorfschwalben aus Österreich« eindeutig auf musikalische Obszönitäten an, und was Franz von Suppé, Leo Fall, Carl Ziehrer und Emerich Kalman mit ihren Machwerken anrichteten, läßt sich gar nicht absehen.[4]
Die Wiener Staatsoper, jenes raffinierte Propagandainstitut, schreckte nicht davor zurück, das seichte Gift Franz Lehars anläßlich einer Festvorstellung in Dr. Goebbels Ohren zu träufeln!
Werfen wir einen Blick in deutsche Operettenspielpläne: Überall haben sich Österreicher an die Spitze geschlichen, Paul Linckes und Walter Kollos Berlin-patriotische Kompositionen wurden verdrängt von auslandspropagandistischen Machwerken wie dem »Weißen Rössl vom Wolfgangsee«.
Selbstverständlich wäre der österreichische Würgegriff um die sangesfreudige deutsche Kehle auch bei größerem Talent der österreichischen Musikproduzenten nicht möglich gewesen, hätte die Wiener Maffia nicht sämtliche von Marx aufgedeckten Tricks des Monopolkapitalismus sofort in ihrem Sinn angewandt, und deshalb, nur deshalb gibt es österreichische Dirigenten.
In der Wahl ihrer Mittel waren die Donaubriganten niemals wählerisch. Bereits ein frühes Beispiel des österreichischen Kulturkriegs bildet der Bericht von einem ansonst mittelmäßigen Taktschläger namens Amadé Hopfinger, der den 12. July 1827 berichtet: »Beim Conzerte in Mailand hatten italiänische musici offen neidlich beschlossen, mich auszupfeiffen. Meine Freunde jedoch haben gräßlich obsiegt.«[5]
Sie waren natürlich nur eine Vorhut, bestimmt, die Trommelfelle weichzudirigieren, so daß ein ursprünglich durchaus patriotisch empfindendes Publikum keinerlei Widerstand mehr zu leisten imstande war, als Hans Richter, Gustav Mahler und Felix Weingartner auf die Konzertsäle losgelassen wurden.
Daß sich Österreich selbst derlei musikalische Diktatoren keinesfalls bieten ließ, beweist die Tatsache, daß alle drei an der Wiener Staatsoper scheiterten.

Wessen Ehrgeiz nicht so hoch hinaus wollte, ersparte sich jenen nervenaufreibenden Salto mortale und fing lieber gleich im Ausland an. Dort hütete sich bereits jeder, sich mit Österreichern anzulegen, und so kamen Alfred von Zemlinsky, der Lieblingsdirigent Strawinskis, Georg Szell und Wolfgang Sawalisch schnell zu internationalem Ruhm.

Aber alle jene, denen man immerhin ab und zu noch handwerkliches Können nachsagen kann, verblassen vor jener Primadonna, der es gelang, eine Callas zu quadrieren. Natürlich mußte es ein Österreicher sein, der jährlich zweimal wahre Prozessionen nach Salzburg in Bewegung setzt und dort seine Gemeinde mit dem Rücken magnetisiert. Welches gegerbte Dekolleté beginnt nicht perlenscheppernd zu wogen, wenn ER das Podium betritt, sich versenkt, bis die Damen beinahe in Ohnmacht fallen und die Einsichtigen ein Lächeln kaum mehr verbeißen können, um dann schließlich mit einer wild gefuchtelten Schlangenlinie erstaunlich unbekannte Klänge aus bekannten Musikstücken zu kitzeln. Wenigstens in der Musik haben sich die Österreicher Ersatz geschaffen für jene Großen, die ihnen in der Politik verboten wurden. Und wie jene von Bütteln ist dieser von Verehrern umgeben, die schon einmal in den Heiligen Hallen des Salzburger Festspielhauses einen Kritiker mit Regenschirmen zur Strecke brachten, weil er gewagt hatte, über den Meister etwas Despektierliches zu schreiben. Eingedenk der Tatsache, daß auch uns aus flammender Begeisterung für Herbert von Karajan Scheiterhaufen errichtet werden können und wissend, daß Salzburger Assasinidencorps jedes leise Meckern gegen ihr Tourismuszugpferd blutig rächen, wollen wir uns lieber anderen Machenschaften der österreichischen Maffia zuwenden.[6]

Es liegt nahe, daß dirigierende Wühlmäuse auch ihre Helfershelfer mitschleppen, und daher geht die Zahl der österreichischen Sänger und Pianisten in die Legion. Bezeichnenderweise brachten sie es in den Kunstgebieten, in denen man von einem »Volk der Tänzer und Geiger« wenigstens einige Leistungen erwarten könnte, zu nichts. Für das Ballett hat Österreich seit Fanny Elßler nur Korepetitoren geliefert, und bei der Königin der Instrumente, der Geige, auf der man im Schweiße seines Angesichtes jeden Ton ehrlich suchen muß, gab es außer Fritz Kreisler und Wolfgang Schneiderhan keine nennenswerten Solisten; einzig massiert wagen sie sich an die Öffentlichkeit und nennen sich dann Wiener Philharmoniker oder Symphoniker.

Ganz anders liegen die Dinge da, wo die Töne bereits säuberlich schwarz-weiß ausgebreitet sind. Mit Alfred Grünfeld haben sich die Österreicher in den Olymp des klimpernden Handwerks gestohlen und kurze Zeit später begann in Wien Bruno Seidlhofer seine Tätigkeit, jener nahezu unbekannte Hauptdrahtzieher internationaler Klavierwühlarbeit: Paul Badura-Skoda, Alfred Brendel, Walter Klien und Rudolf Buchbinder sind ebenso seine Schüler wie Jörg Demus, Ingrid Haebler und vor allem Friedrich Gulda.

Wievielen deutschen Musikern wird allein durch Gulda der Platz an der Sonne verstellt. Dabei würdigt er sein Publikum überhaupt keiner Verbeugung, ja er zollt ihm nicht einmal durch Anziehen des Fracks Dank, und überdies kann es passieren, daß man unvorhergesehen statt Beethoven Jazz zu hören bekommt.

Aber dennoch mußten sich mit dem von ihnen verursachten Verfall deutscher Kultur und der Verniggerung deutscher Musik die Österreicher entschließen, stärkere als die bisher eingesetzten Kaliber nach Deutschland zu schleusen. Dabei gingen sie klüger vor, als man nach dem Bisherigen von ihnen erwarten konnte, sandten sie doch diesmal nicht gleich eine Legion los, sondern drei große Meister, unbestreitbare Spitzenkräfte, in genau ausgeklügelter Reihenfolge.

Zunächst mußten diese U-Boote in der deutschen Unterhaltungsindustrie ihre österreichische Herkunft überspielen. Peter Alexander ließ man deshalb mit der Tochter eines weiblichen, italo-schwyzerischen Musikclowns auftreten. Schon nach kurzer Zeit erwies sich diese Tarnung als überflüssig, und seither geht er immer eindeutiger austrophile Wege — ungeniert besingt er Salzburger Nokkerl, stellte die unbewiesene Behauptung auf, die Wiener müsse man gar nicht erst in Stimmung bringen (zu einer Melodie seines Landsmannes Robert Stolz versteht sich), und erspart auf diese Weise seinem Heimatland Millionen, die es sonst in die Fremdenverkehrswerbung stecken müßte.

Raffinierter noch verfuhren die Österreicher mit Freddy Quinn — sie tarnten ihn als anständigen Hanseaten. Kaum ein unschuldiger Reeperbahner weiß, daß dieser Schmalspurersatz für Hans Albers aus St. Pölten stammt. Aber jene einzigartige Verbindung von Schmalz und Labskaus bescherte dem deutschen Schlager 1956 einen grandiosen Höhepunkt: »Heimweh«.

Übermütig geworden, schossen die Österreicher sofort nach und setzten die Lilienfelderin Lolita an das deutsche Herz. Nun gab es keine Rettung mehr, Deutschland war umzüngelt, und wer ob des brennend heißen Wüstensands verzweifelt seinem Leben ein Ende bereiten und sich beispielsweise im Golf von Maratonga ertränken wollte, fand dort bereits die perlenfischende, mondlichtumglänzte Gamsbartloreley.

Nun gut, Lolita wurde überstanden, doch wer gehofft hatte, das aus Österreich überreich strömende Schmalz könne doch einmal versiegen, sah sich bald mit Schrecken und dem größten Kärntner aller Zeiten konfrontiert: Udo Jürgen Bokelmann – UDO JÜRGENS! An den heimtückischen Touristenstränden Südösterreichs muß er wohl das Wellenreiten gelernt haben, und in den letzten Jahrzehnten ließ er keine noch so läppische aus. Jene ältlichen Damen, die mittlerweile sein Stammpublikum bilden, krönte er mit Sahnehäubchen, unseren Gastarbeitern folgte er in ihre obskuren Kneipen, um auch noch deren Wein zu erbetteln, mit »Hallo Promille« und ähnlich engagierten Liedern trieb er den Verzweiflungssuff über solchen Unsinn in Himmelshöhen, und dann fragte er gar noch: »Entschuldigung, wo geht's hier zur Hölle?« Ach, man hätte ihm den Weg gerne gezeigt, aber es drängt ihn ja immer noch in die Konzertsäle, und die BUNTE ist auch immer noch dabei.

Von André Heller soll hier nicht geredet werden, auch nicht von Erika Pluhar, die sich irrtümlich für eine Chansonette hielt. Schließlich ist nach der bisher verfolgten Taktik des österreichischen Griffs nach der Weltmacht klar, daß den Deutschen nicht nur das Hören, sondern auch das Sehen vergehen soll, und daher war die Eroberung der Bildschirme das nächste Ziel.

Sie erfolgte auf dem Umweg über Theater und Film, wo vor allem ein austrisierter Franzose namens Jean Julier, der sich arglistig Hans Moser nannte, Pionierarbeit leistete. Sehr bald stieß Peter Alexander nach, und zu diesem Zweck verbündete er sich mit einem Mann, der neunzig Jahre seines Lebens darauf verwendet hatte, das deutsche Showbusiness zu zersetzen: Robert Stolz. Rastlos wie eine Laus, die in der Sekunde hunderttausend Eier legt, versorgte er zuerst die Bühnen mit Operetten, nach dem Dahinsiechen dieser kulturellen Mißgeburt die Wiener Eisrevue mit ihren Musiknummern und schwitzte außerdem so unendlich viele Schlager und Lieder aus, von »Salome« über »Das ist der Frühling in Wien«, einen »Kleinen Gardeoffizier« bis zu völlig abstrusen Produkten einer verirrten Erotik, bis er es geschafft hatte, daß

seine Noten in aller Welt häufiger gespielt werden als die aller in diesem Kapitel genannten Musiker zusammen. Und vom deutschen Fernsehen fließen bei jeder Show für altersmäßig fortgeschrittenes Publikum beträchtliche Summen in das kleine Haus in Grinzing.
Die dort mit allzeit offenen Händen wartende Witwe ist nur einen geringen Pietätsgrad weniger fröhlich als Vera Kalman, die für Fotografen schon mal einen Czardas vor jener letzten Ruhestätte tanzte, die auch noch eine unversiegbare Geldquelle darstellt.
Und ehe wir das triste TV-Spektakel endgültig abschalten, möchten wir in Erinnerung rufen, daß des Schwarzwalds liebster Onkel Doktor gar keiner ist, sondern ein Burgschauspieler.
Angesichts dieser deprimierenden Zustände in unserer Hochkultur flüchteten einige der jüngeren Deutschen in die sogenannte Alternativkultur. Aber kaum hatten sich die Liedermacher ein bescheiden zuhörendes Publikum erobert, kamen schon wieder Österreicher und nahmen ihnen mit noch unbedarfteren Produkten den Platz an der Sonne. Wie immer mit einem sämtliche Sparten erdrückenden Angebot: Michael Heltau für die verklemmten Altsofties, Georg Danzer für die Onanisten, Wolfgang Ambros für die Dreivierteldebilen, und für die Hundertzehnprozentigen gibt es noch Peter Cornelius. Streicheleinheiten drüber!
Und kaum plätscherte in dem trüb gewienerten Restreich die »Neue deutsche Schlagerwelle«, platschten Österreicher auch in diese. Die »Erste Allgemeine Verunsicherung«, steirische Holzhackerbuam mit der Sensibilität von Borkenkäfern, holzte sich brutal sogar in die Musikboxen, Falco nagte sich durch das Ohrenschmalz, und zu schlimmer Letzt düste noch im Sauseschritt ein Duo namens Tauchen-Prokopetz daher, das sich ausgerechnet »Deutsch-österreichisches Feingefühl« nannte. Von wegen! An ihnen wurde die ganze alpine Hinterhältigkeit offenbar: Ihr Hit war geklaut, und das aus der DDR.

ANMERKUNGEN:

1 Fritz von Herzmanovsky-Orlando »Kaiser Josef und die Bahnwärterstochter«

2 Herbert Gerigk »Meister der Musik und ihre Werke«, Berlin 1936

3 Wir wollen gar nicht so weit gehen, die nachfolgenden Gottfried von Einem und Ligety zu nennen — der Untergang der Kultur wurde aus Österreich betrieben, und das können auch andere Österreicher wie Ernst

von Reznicek (»Donna Diana«), Franz Schmid (»Notre Dame«), Ernst von Korngold (»Die tote Stadt«), Karl Prohaska (»Frühlingsfeier«), Alfred von Zemlinsky, Julius Bittner oder Josef Marx nicht wiedergutmachen. Österreicher wie Egon Wellesz und Ernst Krenek sind die Zerstörer abendländischer Kultur.

Ein Spezialfall der »Neutöner« war zweifellos Josef Mathias Hauer, der — wie auch sein allen Briefen beigegebener Stempel zeigt — stets Wert darauf legte, der »Erfinder und einzige Meister der Zwölftonkunst« zu sein. Wobei allerdings reine C-Dur herauskam. Dementsprechend verbrachte der Meister sein verkanntes Leben zwischen Pendeln und Äolsharfen, ein verklärtes Vorbild seiner weniger musizierenden als mystisierenden Schüler.

4 Welches Wunschkonzert käme ohne eine der zahllosen Ouverturen Suppés aus, zu denen nie ein Stück geschrieben wurde, welches Altweiberherz quält sich nicht beim »Fidelen Bauern« einen Tropfen kalkhaltigen Blutes ab, wie oft ziehen sich nicht anspruchsvolle Ohren gleich alten Socken zusammen, wenn ihnen auf der Reeperbahn der »Deutschmeistermarsch« in dieselben gellt,* und wärr dänkt nicht an Puszda, härrd är »Komm Czygan«.**

* Selbst der Verleger dieses Werkes ließ es sich nicht nehmen, seine umfassenden Musikkenntnisse durch Absingen des Kehrreimes »Wir san vom ka und ka Infantrieregiment« zu belegen.

** Die Orthographie dieses Satzes allein verdeutlicht bereits die oben beschworenen Folgen.

5 Musikaliensammlung der Österreichischen Nationalbibliothek

6 Nur die allzu sanftmütige Bevölkerung Bayerns sei gewarnt: Heimtückisch versucht H. v. K. einer bayerischen Attraktion das Wasser abzugraben und mit seinen Salzburger Osterfestspielen den sonst nach Bayreuth strömenden Devisenstrom in Österreich versickern zu lassen.

In der Blütezeit frühen Monopolstrebens — Höfliche sagten auch, es hänge mit einer Art Zentralismus zusammen — wurden nicht nur die großen Schauspielhäuser gebaut, sondern auch der Wiener Zentralfriedhof. Um diesem Platz, von dem es heißt, er sei doppelt so groß wie Zürich, dafür aber auch zweimal so lustig, die gebührende Weihe zu geben, wurden alle erreichbaren und unerreichbaren Großen-Geisterknochen aus ihren bisherigen Gräbern gebuddelt und hier unter gründerzeitlichem Marmor beigesetzt.
Da liegen sie nun nebeneinander, der Herr Hofrat und k. u. k. privil. Burgtheaterdichter Eduard von Bauernfeld neben dem Komödienschreiber Bäuerle, Anzengruber neben Grillparzer und Nestroy neben Ferdinand Raimund, der sich nicht zuletzt seinetwegen das Leben nahm.
»Der Hebbel ist uns aus'kumma«, sagt der führungsbeamtete Pompfünebrer jedesmal mit dem Ton eines Jägers, dem eine exotische Trophäe gerade noch fehlt.
In der »Wiener Zeitung« liest sich das 1881 anders: »Unter Berücksichtigung darauf, daß der verstorbene Dichter Hebbel kein Österreicher ist, und unter Verwerfung des Einwandes, daß derselbe in Österreich verstorben sei, wurde ihm eine Exhumierung und ehrengrabliche Beisetzung verweigert. Friedrich Hebbel wird statt dessen mit einer Gedenktafel zufriedengestellt.«
Kein Österreicher. Und dafür darf er nicht einmal in diesem Parnaß des österreichischen Theaterwesens liegen. Denn Theater bedeutet in diesem Land nicht Sitzen in viel zu engen Reihen auf wohlgepolsterten Sesseln, nein, es findet das ganze Jahr statt, vierundzwanzig Stunden täglich, aber selten in einem dafür bestimmten Haus. Der Österreicher, und vor allem der Wiener, ist der geborene Schauspieler, besser gesagt: Komödiant.
Das hängt, wie alle austro-psychischen Mißstände, mit dem heillos barocken Katholizismus zusammen, der nicht nur Österreichs schönste Kirchen von barocken Bühnenbildnern ausstaffieren ließ, sondern auch sämtliche Lebensgewohnheiten, ob sie nun für ein Zeremoniell geeignet waren oder nicht. Denn das Zeremoniell —»die Komödi'« — hält die mit sich selbst zerfallenen Seelen gerade noch zusammen, weshalb man auch keinen Raum nur betritt, sondern »sich einen Auftritt baut«, und vor allem der letzte, die »schöne Leich'«, läßt, zumal wenn er sich in Wien abspielt, noch heute jeden Aida-Regisseur vor Neid erblassen.

Daher hat sich der echte Österreicher auch nie sonderlich für das Theater erwärmen können. Gewiß gibt es Theater und man hat ein Abonnement. Ab einem gewissen Rang in diesem das altindische Kastenwesen mühelos ausstechenden Gesellschaftssystem bleibt einem so etwas nicht erspart. Aber anzufangen weiß man damit nicht viel. In die »Josefstadt« geht man selbst, denn da ist man in guter Gesellschaft, und in »die Burg« schickt man seine Kinder.
Zurück zum Zentralfriedhof. Ein ganz Großer fehlt dort ebenfalls. Als Komödiant durfte er auf keinem ehrenwerten Friedhof bestattet werden, und daher suchte man vergeblich seine Überreste. Stranitzky hat er geheißen, war unter seinem Namen in Deutschland nie bekannt und in Österreich gleich vergessen, aber sein Hans Wurst beherrschte über hundert Jahre lang die deutschsprachige Bühne und hat noch Lessing grün und gelb geärgert.
Was hat nicht dieser große Deutsche alles versucht! Zusammen mit der Neuberin hielt der prominente Aufklärer ein mittelalterliches Inquisitionsverfahren »wider den widerlichen Hanswurst« ab: »zuerst verbannt und dann verbrannt und dann begraben«. Es ging nicht so leicht. Dann wollte er sogar in Wien ein »Deutsches National-Theater« für Kaiser Josef II. gründen. Das gab er aber auf, sobald er diese Stadt kennen gelernt hatte. Schließlich streckte er die Waffen. Das erledigte den »Salzburger Sauschneider« endlich. Schnell kreierte daraufhin der Wiener Laroche (!) seinen »Kasperl« — die Folgen werden als bekannt vorausgesetzt.
Dafür gewährten die Österreicher dem deutschen Theater im neunzehnten Jahrhundert eine gewisse Schonzeit. Sie warteten ab, was sich »da draußen« entwickelte, und das Wiener Großbürgertum als intrigierendes Element des österreichischen Kulturlebens machte seinen Theatermachern im Inland das Leben sauer. Es wechselte seine Lieblinge wie die Hemden, und dementsprechend groß war der Verschleiß. Daß wir dennoch einige nennen müssen, obgleich sie mit der Unterwanderung Deutschlands auf den ersten Blick nichts zu tun haben, hängt damit zusammen, daß in dieser Zeit die Grundlagen allen späteren Übels gelegt wurden. Franz Grillparzer, den Verfasser zahlloser verhatschter Biedermeier-Tragödien, einiger Stücke und eines Lustspiels zu einem »österreichischen Klassiker« hochstilisieren zu wollen, blieb vergebliche Liebesmüh größenwahnsinniger Wiener Germanisten. Aber mit Sapphos Dienstmädel Melitta schuf der ewig raunzende Hofrat das erste »süße Mädel«, eine besondere Spezies von Mißverständnis, die sich später besonders in Kopulation mit Arthur Schnitzler fortpflanzte.

Ludwig Anzengrubers tränenmarinierte Bauern- und Vorstadtschinken werden heute nur noch in München gespielt, den gesamten nachgekommenen Blubo kann man ihm aber als Zinsen gutschreiben.
Zwei Gestalten des sogenannten »Volkstheaters« haben jedoch den wenigsten Staub angesetzt: Ferdinand Raimund, der ewige Melancholiker und letzte Meister des barocken Zaubertheaters, und sein großer Antipode Johann Nepomuk Nestroy, der Schopenhauer des Wurstelpraters.
Raimund fand sich als Zuckerbäcker natürlich zur Tragödie berufen, sein Publikum aber fand ihn nur komisch. Darüber konnten den Hypochonder nicht einmal seine Berliner Erfolge hinwegtrösten. Überall wähnte er sich verfolgt, von Verschwörungen umgeben, und als ihn sein Publikum Nestroy zuliebe verlassen hatte, genügte der Biß eines Hundes, und Raimund nahm das klassische Ende österreichischer Literaten. »Er hat zwar Selbstmord begangen, aber er war dennoch ein Mensch«, stand dann tatsächlich in seinem Nachruf, und von diesem spezifischen Fall eines Homo Austriacus zeugen »Der Bauer als Millionär«, »Alpenkönig und Menschenfeind« und »Der Verschwender«. Ab und zu werden diese Stücke sogar noch gespielt, aber wer kennt nicht »Brüderlein fein« oder gar das »Hobellied«?
In dieser Beziehung hat es Nestroy heute schwerer. Infolge der unbeschreiblich Wienerischen Orthographie seiner Abschreiber, der leider auch sämtliche Herausgeber aufsaßen, konnte man ihn leichtfertig als »Dialekt-« oder »Volksstückautor« abstempeln, und besonders Vermessene sprechen gar von »Lustspielen«.
Bevor Nestroy zum Theater ging, hatte er die unbegrenzteste Spielwiese der Phantasie durchstreift — seither hat die Jurisprudenz erschreckend viele Österreicher auf die Bühne geworfen —, und als er beim Theater war, hatte er lebenslänglich Ärger mit der Polizei. Etliche Male wurde er von der Bühne weg verhaftet, wegen »unerlaubten Extemporierens«, aber die Wiener liebten ihn, und so kam er immer wieder frei. Schließlich wollte die Obrigkeit seinetwegen keine Revolution riskieren. Nestroy kann man als den eigentlichen Schöpfer jenes abgrundtief schwarzen Humors ansehen, der zuerst vielleicht in dem zweihundert Jahre älteren »Lieben Augustin« auftritt und seither als »typisch Wien« den Österreichern bis hin zu Qualtinger den kennzeichnenden haut gout verleiht.

Da steht zum Beispiel ein biederer Handwerker neben einem Verleumder. Und sagt gemütlich, nicht ahnend, daß sein Nachbar derjenige ist, welcher:
»Also, wenn ich den erwisch' ... ich bin ja nicht grausam, aber die Äugerl drück ich ihm aus, ganz langsam, verstehen S'? Und dann — ich bin ja nicht grausam —, aber den Bauch schlitz' ich ihm. Und die Därm' laß ich 'raus. Also, das ist ja nicht bös' gemeint. Sie kennen das ja, man will ja keinem Menschen Schlechtes. Und sämtliche Rippen brech' ich ihm einzeln. Das Hirn papp' ich aufs Pflaster, die Zunge nehm' ich zum Schuhputzen ... ich bin ja nicht blutrünstig ... und den Rest ...« Er schaut seinen blaß gewordenen Partner ganz zärtlich an. »Also den Rest zerreiß' ich auf Korandoli.«[1]
Bei einem Mann, der seine Galle so wenig in Zucht hatte, nimmt es nicht wunder, daß er über die deutsche Achtung vor der Obrigkeit bemerken zu müssen glaubte:
»Weil er uns sonst niederhaut
preisen wir in laut.«[2]
Charakterlich völlig verludert, schämte er sich nicht einmal der antichristlichen Lebensmaxime: »Die Nächstenlieb' fängt bei einem selbst an.«[3]
Genug damit. Gottlob ist Nestroy in Deutschland nur wenig bekannt. Seinen »Talisman« hat man ab und zu gesehen, vielleicht auch den »Zerrissenen«, »Einen Jux will er sich machen« oder den »Lumpazivagabundus«, und das ist zu wenig, um die Moral wirklich wirkungsvoll zu untergraben.
Nachdem sich in Deutschland erst einmal ein blühendes Theaterwesen etabliert hatte und Berlin sogar eine Kulturstadt geworden war, schickten die Wiener einen gescheiterten Bankangestellten namens Max Goldmann dorthin. Um dem Namen seiner Familie keine Schande zu machen, nannte er sich Reinhardt und schlug eine gewaltige Bresche in das Eichengestrüpp des deutschen Schauspiels. Und wie Unkraut wucherten die Wiener hinein: Max Pallenberg zum Beispiel oder Alexander Moissi, der Krawatteltenor, ummmmmm desssennnn Gonnnnßttt aaaaale Ffffffrrrrrrrauuuuhhhhhhenherrrrrrtzen buuuuuhhhhhltennnnnnnnnnnnnnnnnnnnn.
Max Reinhardt in Berlin, das hieß unter anderem auch Elisabeth Bergner, Tilla Durieux, Ernst Deutsch und Fritz Kortner, und so wurde der gesamte Naturalismus und Expressionismus aus Wien importiert.

Am meisten profitierten dabei natürlich die österreichischen Autoren, deren Stücke plötzlich schwammerlgleich auf deutschen Spielplänen zu sprießen begannen. Das meiste davon ist heute wieder überstanden, einiges hat sich gehalten, bei fast allem gab es Wirbel und Aufregung.

Denn nicht alle schrieben so harmloses Abonnentenfutter wie Hermann Bahr, dessen »Konzert« immer wieder aus der Mottenkiste geholt wird. Nicht jeder war so elegisch wie Hugo von Hofmannsthal, dessen »Schwieriger« und »Unbestechlicher« zwar gern gespielt werden, über dessen Monsterdramen aber gnädigerweise der Vorhang des Vergessens gefallen ist.

Tief jedoch wurde die deutsche Sittlichkeit von Arthur Schnitzler untergraben. Sein »Reigen«, diese erste Manifestation zügelloser Wollust, gelangte auf die deutschen Bretter, die die heile Welt bedeuteten! Sogar Berliner Richter mußten sich diesen seelischen Kehrricht ansehen, um dann mit zugehaltener Nase ihr Urteil sprechen zu können.

»Net amal ignorieren«, dieses österreichische Patentrezept wurde denn auch die einzige Möglichkeit, sich gegen den österreichischen Ansturm zur Wehr zu setzen. Deshalb sind Oskar Kokoschkas expressionistische Spiele »Mörder, Hoffnung der Frauen« und »Orpheus« heute wieder vergessen, deshalb hat man den »Blaubart« von Georg Trakl, der sich ohnedies frühzeitig umbrachte, bis heute nicht aufgeführt, deshalb führte erst der Österreicher Helmut Matiasek das Monstrum »Die letzten Tage der Menschheit« von Karl Kraus auf, und deshalb blieb Deutschland so lange vor den hinterhältigen Volksstücken Ödön von Horvaths bewahrt. Seit einiger Zeit allerdings versuchen austrophile oder gleich österreichische Regisseure diesen linken Defaitisten durchzusetzen, wohl um genügend Rollen für ihre Landsleute zu finden, denn gemeinerweise hat sich in Deutschland der Aberglauben verbreitet, man könne die Stücke österreichischer Autoren nur von Österreichern inszenieren lassen und nur mit Österreichern besetzen.

Dieser beispiellose Nepotismus brachte Leute wie Otto Schenk, Wolfgang Glück und Michael Kehlmann an deutsche Regiepulte Die eichenbestandene deutsche Theaterlandschaft wurde gründlich abgeholzt und in Heurigen umgestaltet. Und da sitzen sie dann, vor allem in Rheinland, Elisabeth Gruber, Walter Schmidinger, Rainer Hauer, Ernst von Klipstein und Nicole Heesters, um nur einige zu nennen, und reden vom schönen Wien oder Graz. Und woher kommen denn die Gudrun Geier, Monika Bleibtreu, Christine Prober, Jutta Schwarz, Klaus Löwitsch und Wolfgang Hübsch? So geht das schon seit Max Reinhardt. Was blieb da einem Augsburger Stückeschreiber übrig? Um es in Deutschland überhaupt zu etwas bringen zu können, nahm er die österreichische Staatsbürgerschaft an. Das verhalf Bert Brecht zum Erfolg.

All das wäre noch zu verwinden gewesen, hätte nicht der alte Stammbaum Nestroy-Horvath unvermutet neue Triebe angesetzt. Aus Graz kamen sie und machten jenes verrufene Idiom zur neudeutschen Bühnensprache: Wolfi Bauer und jüngst erst Harald Sommer. Beide sind sie noch sehr jung, und man muß sich auf einiges gefaßt machen. »Magic afternoon«, »Change« und »A unhamlich schtorka Obgaung« war nur ein erstes Wetterleuchten. Graz bescherte auch den neuen Klassiker Peter H. Seinen Namen soll hier niemand erfahren, es kennt ihn ohnedies jeder. Und aus Graz kam auch Hans Hollmann.

Es steht, wie wir seit Jahren immer wieder hören, schlimm um das deutsche Theater. Wer aber hätte geahnt, daß die Urheber auch dieser Misere aus Österreich kommen? Nur Axel Cäsar Springer hat die Gefahr klar erkennen lassen. Als wieder einmal ein Österreicher einen deutschen Theaterskandal verursachte, das Ereignis tut hier nichts zur Sache,[4] fragte »Die Welt« besorgt: »Liegt die Zukunft des deutschen Theaters in Österreich?«

Gottseidank, ganz so schlimm kam es doch nicht. Was an intellektuell aufgepeppter Banalität gefragt ist, läßt sich mittlerweile auch von Botho Strauß beziehen, und dieser Fakt scheint die Deutschen übermütig gemacht zu haben. Tollkühn setzten sie anno 86 zur Rückeroberung Wiens an, und dabei verkündeten sie lauthals, den alldort seit Jahrhunderten würdevoll abgelagerten Staub aufwirbeln zu wollen. Doch in Wien Theater machen zu wollen, ist reichlich lebensgefährlich, wie Boy Gobert und Ernst Wendt an der Josefstadt erfahren mußten. Klaus Peymann war da etwas vorsichtiger – sicherheitshalber hatte er sich schon frühzeitig einen natürlich österreichischen Lieblingsautor zugelegt, der in allen makabren Abgründen bestens bewandert ist und seit beinahe zwei Jahrzehnten immer dasselbe Stück schreibt, einen einzigen Monolog, von dem sich nach Bedarf ein paar Laufmeter samt Stichwortbringern abschneiden lassen und der auch nach Fetzchen verteilt werden kann. Und Thomas Bernhard wollen wir den Wienern nun mal wirklich gönnen.

P.S.: Österreichs Rache für diese Einmischung ist übrigens furchtbar und findet am Berliner Schiller-Theater statt.

ANMERKUNGEN:

[1] Johann Nestroy »Der Unbedeutende«

[2] Johann Nestroy »Judith und Holofernes«

[3] Johann Nestroy »Einen Jux will er sich machen«

[4] Gemeint ist »Ich liebe die Oper« von Hans-Georg Behr

AHNVÄTER
DER UNTERWERFUNG
DES DEUTSCHEN
LICHTSPIELS:

Franz Freiherr von Uchatius
Josef Somló

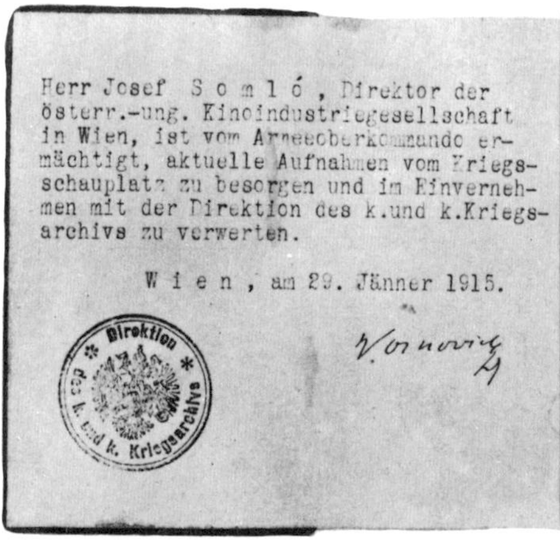

Herr Josef S o m l ó , Direktor der österr.-ung. Kinoindustriegesellschaft in Wien, ist vom Armeeoberkommando ermächtigt, aktuelle Aufnahmen vom Kriegsschauplatz zu besorgen und im Einvernehmen mit der Direktion des k.und k.Kriegsarchivs zu verwerten.

W i e n , am 29. Jänner 1915.

Direktion des k. und k. Kriegsarchivs

»Sascha« Graf Kolowrat mit seiner Frau Gemahlin, einer geborenen Fürstin Trubetzkoj

Bevor es die Sache noch gab, hatte schon ein Österreicher seine Finger darin. Und — wie wäre es in der k. u. k.-Zeit anders möglich gewesen, natürlich ein Offizier.

Vielleicht ist es einmal nötig, ein erklärendes Wort zum österreichischen Militarismus zu sagen, besser gesagt, jenen Hofrat zu zitieren, der nach der Katastrophe von 1918 klagte: »Da haben wir so eine herrliche Armee gehabt, die fescheste der Welt. Und was hab'n wir mit dieser 'tan? In den Krieg g'schickt hab'n mers, wir Trotteln.«[1] Und dazu war sie schließlich wirklich nicht da. Sie diente als Dekor, als malerische Staffage, die Burgmusik, die Deutschmeister, die Dragoner mit ihren heute noch jedes Kostümbildnerherz höher schlagen lassenden Uniformen. In den Garnisonen dienten sie dem Bevölkerungszuwachs, in der Hauptstadt bildeten sie anstatt des teuren Blumendekors eine farbenprächtige Garnitur festlicher Ereignisse, und die in dieser Beziehung farblos gewordene Republik ging noch weiter, indem sie das Bundesheer gleich bataillonsweise an die Salzburger Festspiele oder amerikanische Filmproduzenten vermietet. Denn in jedem Österreicher steckt nicht nur ein Statist . . . aber damit greifen wir schon wieder vor.

In dieser feschesten Armee dienten vorzugsweise solche Käuze, für die man im zivilen Leben keine Verwendung finden konnte, so auch Franz Freiherr von Uchatius, ein verspielter Herr, der nur deshalb nicht entlassen wurde, weil er zufälligerweise eine sehr praktische und nach ihm benannte Bronze erfunden hatte. Bei weiteren Spielereien kam er auf die Idee, Prinzipien der Camera obscura und des Wunder- oder Lebensrades zu kombinieren — die Folge waren »an die Wand geworfene lebende Bilder«, deren Verwendung selbstverständlich der Armee vorbehalten war. Die aber konnte damit am wenigsten anfangen, verhökerte das Patent, und Uchatius beging gekränkt Selbstmord.

Nichtösterreicher verfeinerten die Erfindung des skurrilen Freiherrn, und das ließ einen Rittmeister der Reserve bei den 13-er Dragonern nicht ruhen. Warum sollte all das Geld, das sich die Armee dummerweise entgehen hatte lassen, nicht wieder von Österreichern gemacht werden?

1911 gründete Alexander »Sascha« Graf Kolowrat-Krokowsky seine Filmgesellschaft, und mochten adelsbewußte Damen und Herren auch »die Schulter schupfen, daß sich ein Nachkomme unseres Helden gegen die Türken auf die Leinwand schmeißt«[2] — der bobbyeske Graf stellte bald eine ernstzunehmende Konkurrenz für die zahllosen ausländischen und deutschen Filmgesellschaften dar. Die waren aber bereits österreichisch unterwandert. Ganz zu Anfang hatte sich bereits Joe May einen Namen gemacht, und getreu dem bärtigen Witz, daß man klein, nämlich mit Frau und Tochter anfangen müsse, hatte er gleich Mia und Eva May als erste Stars der UFA mit ins Nest gelegt. Joe May, der in Wien als Autohändler begonnen hatte, machte gleich auch die ersten »harten Stars«, allen voran Stuart Webbs (hinter diesem Künstlernamen steckte der Wiener Ernst Reicher). Der kurze Zeit noch erfolgreichere Joe Deebs war allerdings May selbst. So klein fing »Sascha« natürlich nicht an. Seinen Start machte er mit niemand Geringerem als Max Pallenberg, und kurz darauf bekam er für seinen »Millionenonkel« sogar den legendären Alexander Girardi auf die Leinwand, bei welchem es sich nicht um einen Strohhut, sondern um das Wiener Gegenstück zu Karl Valentin handelte. Regie führte — sie da! — Hubert Marischka, und natürlich war auch schon Robert Stolz mit von der Partie.

Seit dieser Zeit wurden unsere Großeltern und Eltern aus Wien mit Idealen versorgt. Wieviele Taschentücher wurden allein wegen Liane Haid zerweint, und Josef Somló, der bei der Sascha angefangen hatte und bald darauf als unstürzbarer Zar die UFA beherrschte, nahm diesen Kassenmagneten natürlich ebenso nach Berlin mit wie Magda Sonja, deren unmöglicher Dialekt beim Stummfilm verborgen blieb, Ernst Deutsch, Fritz Kortner und die Regisseure Fritz Freißblieb, Gustav Ucucky, Karl Hartl, Alexander Korda und Michael Kertesz.

Der letztere hatte von Somlós Regime bald genug, ging nach Hollywood, nannte sich »Curtiz« und drehte mit »Casablanca« die tränendrüsigste Schnulze aller Zeiten.

Wie wir wissen, war es für Deutschland immer schon verhängnisvoll, mit Österreichern zu tun zu haben, siehe »die Nibelungen« — aber auch die wurden von einem Österreicher verfilmt. Und — gehört eigentlich das Kapitel Film in die österreichische Militärgeschichte? — auch G. W. Papst hatte in der Armee angefangen. Zurück zu unseren Großeltern. Ihr Geschmack wurde durch die cineastischen Österreicher völlig versaut: Szöke Szakall lieferte den deftigsten Klamauk, der entartete Sohn eines ebensolchen Vaters, Walter Slezak, zog seine Halbidiotien ab, über Tilla Durieux, Elisabeth Bergner und Paul Hörbiger wollen wir gar nicht reden, Berthold Viertel drehte zwischen Theaterproben einen Film nach

Zwei von allzu vielen Einschleichern in die Welt der deutschen Idole: Mia May und Alexander Girardi.

dem anderen, und auch Rudolf Forster diente schon als Zelluloidmime.

Kurze Zeit später saßen sie dann alle in Hollywood. Die große Bereinigung Deutschlands hatte stattgefunden, und nun schnorrten die zahlreichen Emigranten bei jenen Glücklichen, die schon vorher »nach drüben« gegangen und somit fein heraus waren.

Usurpation des reichsdeutschen Sagenschatzes: österreichische Verfilmung der »Nibelungen« 1924.

Irgendeiner von ihnen, ich glaube, es war William Dieterle, erzählte lange Zeit später von den österreichischen Tagen Beverly Hills. Er selbst, Billy Wilder und Berthold Viertel »hatten es geschafft«. Wilder drehte seine später so berühmt gewordenen Lustspiele und dachte bereits an »Sunset Boulevard«, und der einzige Wermutstropfen im Becher seiner Freunde war, daß Fritz Lang auch in den USA seine Mammutschinken drehen durfte. G. W. Papst saß ebenfalls, seinem Namen alle Ehre machend, in der Runde. Die Krimi-Spezialisten Kurt und Robert Siodmak waren zur Stelle und sogar eine Menge »Emigranten« — Max Reinhardt, der es nie verwinden konnte, daß sich ihm ausgerechnet Amerika verschloß, Fritz Kortner, grantig wie immer, Anton Kuh und Franz Blei, die Heimweh und in God's own country nur Pech hatten, und die Grandseigneurs vom Dienst Ernst Deutsch und Rudolf Forster.

»Die halbe Mazzesinsel«, seufzte Lang und dachte an den zweiten Wiener Gemeindebezirk.

»Das ganze Café Herrenhof«, korrigierte Kortner. »Nur der Herr Franz fehlt.«

Der war aber zu diesem Zeitpunkt schon längst nicht mehr Ober, sondern hatte sich seines wahren Namens Odilo Globocnic besonnen und gehört somit in ein früheres Kapitel.

Andere waren in der Heimat geblieben und nährten sich redlich. Luis Trenker belieferte, kernig-tirolerisch-bergsteigerisch wie immer, die gierig nach alpinem Flut und Boden lechzenden Massen, aber das tat er auch nach 45, als wäre nichts geschehen. Und auch die anderen Österreicher bemühten sich zu beweisen, daß sie ebenso deutsch dachten wie ihr gerade an die Macht gekommener Landsmann. Nur wenige ergingen sich in versteckter Subversion, Willi Forst etwa, der mit jedem Film ein Stück falsch parfümiertes Wien in die Reichshauptstadt schleuste, und der hartnäckig auf seinem österreichischen Wesen bestehende Jean Julier, dem man lebenslänglich nur den Hans Moser glaubte.

Rühmend, weil ausschließlich der deutschen Idee dienend seien erwähnt: Magda Schneider, Wolf Albach-Retty, Oskar Sima, Paul Hörbiger, Franz Muxeneder und der Reichspaprikastreuer Marika Rökk.

Der lachende Verantwortliche für unzählige deutsche Bergopfer: Luis Trenker, den die österreichische Filmwerbung so verkaufte: »Dieser sportgestählte Sohn der Alpen erschloß einem Massenpublikum die grandiose Schönheit von Gletscherschluchten und Schneegipfeln. Das Herz dieses Naturburschen ist so echt wie die Sonnenbräune auf seinem Gesicht!«

Dann kamen die bösen Allierten, aber was ein Österreicher war, konnte sich auch mit ihnen arrangieren. Schlimm war nur, daß nicht nur die Ausländer kamen, sondern auch viele von denen, die man endgültig los zu sein glaubte. Und die konnten sich an alles genau erinnern.

Die in der Heimat Verbliebenen zogen sich schnell auf ihre österreichische Staatsbürgerschaft zurück und warteten ab. Sie kamen glimpflich davon, denn man verzieh ihnen im Namen ihres Publikums ihren Charakter. Damit hatten sie nicht gerechnet, und sobald ihre Hosen nicht mehr so voll waren, setzten sie sich zusammen.

»Aber eines wissen wir: von diesen Vaterlandslosen lassen wir keinen mehr ins Filmgeschäft!«

Oskar Sima sprach es aus, und — ein österreichisches Wunder[3] — so geschah es. Die Emigranten gingen sämtlich zum Theater, nur Rudolf Forster machte noch eine kurze Karriere. Den anderen blieb der Film verschlossen. Denn die Österreicher versuchten nun mit filmischen Mitteln jenen Einfluß zurückzugewinnen, der ihnen in der Politik verboten wurde.

Zaghaft, mit Paula Wessely, Hilde Krahl und Walter Liebeneiner fing man an. Das Publikum freute sich über seine Lieblinge von einst. Übermütig geworden, schossen die Österreicher Rudolf Prack

nach. Es war jene Zeit, in der man als österreichischer Nichtförster in Deutschland beinahe erschlagen wurde und Marianne Holm und Renate Holt über die Leinwand jodelten.
Aber man übersah, daß auch die Deutschen mittlerweile Filme zu drehen begannen. Und sie hatten ein Wirtschaftswunder und daher soviel Geld, daß man da nicht ganz mithalten konnte. Also ließ man sie ausnahmsweise einmal gewähren.
Dafür schickte man den deutschen Produzenten einige für das Theater unverwendbare Schauspieler, die mit affenartiger Geschwindigkeit den Parnaß astronomischer Spitzengagen erklommen. Die neuen Helden hießen Otto Wilhelm Fischer — nein! O. W.! ! ! — und Nadja Tiller, die es in ihrer Heimat nur zu einer pensionierten Schönheitskönigin gebracht hatte. Natürlich konnte man ihnen nicht verübeln, daß sie am liebsten österreichische Regisseure hatten, und plötzlich war wieder alles beim alten.
In diesem Augenblick beging Deutschland einen entscheidenden Fehler: es kapitulierte nicht. So reizte es Österreich zur Vernichtungsschlacht.
Geplant und geleitet wurde sie von Hubert und Herbert Marischka. Sorgfältig musterten sie ihre Truppen. Da gab es vieles auszumustern, denn die Zeit war auch an den Idolen nicht spurlos vorübergegangen. Der Ifflandring-Träger (wie er zu diesem Vermächtnis kam, weiß nur Werner Krauß, und der war zu dieser Stunde geistig nicht anwesend) Josef Meinrad und die böhmische Knödlmatadorin Anni Rosar kamen in die Reserve. Den linken Flügel bildete Dietmar Schönherr, dem man als leichte Kavallerie Fritz Muliar und Gunther Philipp beigab, denn damals wurden in Österreich auch Filme streng nach Proporz besetzt. Adrian Hoven und Karlheinz Böhm, dessen Vater als Dirigent bereits einschlägige Erfahrungen gesammelt hatte, bildeten das zweite Glied der Sturmtruppen.
Es fehlte nur mehr die Wunderwaffe. Viele altgediente Mimen boten sich freiwillig an, als künstlerische Kamikaze zu flimmern, unter ihnen auch Magda Schneider.
Die Legende berichtet folgenden Dialog:
Marischka: »Tut mir leid. Sie sind schon zu . . . also, nur mehr für Mutterrollen verwendbar.«
Schneider (hoffnungsvoll): »Ich hab' auch eine Tochter. Erstklassige Ware — Pensionat, Sie wissen schon. Wenn Ihnen die gefällt, darf ich dann wenigstens . . .?«

Somit war die Mobilisierung perfekt, der Schlachtruf hieß: »Heile Welt!«, und da man die in der Gegenwart nicht so leicht finden konnte, ergab sich alles weitere von selbst.
Vorsichtig, in ganz versteckten Sieveringer Ateliers drehte man »Die Mädchenjahre einer Königin«.
Dann folgte das als »Aktion Sissy« getarnte tödliche Trommelfeuer. Die deutsche Filmwirtschaft brach zusammen.

ANMERKUNGEN:

1 Anton Kuh »Hofrats Klage«. In: Neue Freie Presse, Wien 1919.

2 Alfred Polgar »Der Graf Sascha«. In: Neue Wiener Zeitung, 1926.

3 In der Zeit des deutschen Wirtschaftswunders wollten die Österreicher auch eines aufweisen, hatten aber kein besseres vorzuzeigen als die Rotweißrot-Waschung von Braunhemden.

Bezeichnenderweise brauchten die Österreicher lange, bis es ihnen gelang, auch die schönen Künste zu unterwandern und zu einem Suhlbett pervertierter Triebe zu machen. Hier entschied ja das handwerkliche Können, Geistes- und Muskelkraft, und nicht der ungleich stärker vorhandene »Schmäh«.

So wären zum Beispiel für eine österreichische Zweigform der Architektur, jener von Vitruv und Psigrczek[1] geschaffenen Hohen Kunst, gewisse Kenntnisse der Mathematik vorauszusetzen gewesen. Das war natürlich bei den Zuständen im österreichischen Schulwesen unmöglich, denn erst Kaiserin Maria Theresia schuf die ersten, dafür in Bayern noch heute beliebten Zwergschulen. Dank der Finsternis zuvor bleibt auch im Dunkel, ob Peter Parler, der die kunstsinnige Metropole Nürnberg mit seinem sogenannten »Schönen Brunnen« verschandelte, Österreicher war, wie so gerne behauptet wird. Natürlich gab es in Österreich Baumeister, aber die ließ man nur auf die heimische Landschaft los und genierte sich quasi, sie im Ausland herzuzeigen. Daher spickten sie Österreich mit den Exkrementen ihrer barocken Phantasie, versorgten den künftigen Sozialtourismus mit Reisezielen — zum Beispiel Jakob Prandtauer in Melk und St. Florian, die Fischer von Erlach überall — und sorgten in ihrer Bauwut dafür, daß künftige Architekten keine Baugründe mehr fanden und auswandern mußten.

Auch der österreichische Kunstverstand sorgte dafür, daß viele Musensöhne gleich auf der Strecke blieben. So findet das düstere Schicksal des Barockplastikers Franz Xaver Messerschmidt bei Herzmanovsky-Orlando eine schlagartige Erhellung: »Hat Hofbildhauer werden wollen. Hat aber Seiner Majestät nicht gefallen. Hat daraufhin nur mehr Nußbeugerl backen dürfen in der Hofküche und ist bald darauf aus Gram gestorben. War schad' um ihn, war'n delikat.«[2]

Lucas von Hildebrandt schaffte als erster den Sprung über die Grenzen. Er stellte der österreichischen Familie Schönborn einen riesigen Kasten von Schloß nach Pommersfelden, und für den österreichischen Nepotismus spricht, daß er als Anstreicher für die krummen Wände seinen Landsmann Johann Michael Rottmayr holte.

Hildebrandt war übrigens hauptberuflich Festungsingenieur, und die enge Verflechtung von Architektur und österreichischem Militarismus erwies sich besonders in unserem Jahrhundert, als mit einem großangelegten Vergeltungsschlag die Verheerungen der zwei Türkenbelagerungen Wiens gesühnt wurden, indem Clemens Holzmeister Ankara erbaute. Auch den USA halfen alle in das Alpenland gepumpten ERP-Mittel nichts: Richard Neutra baute sich quer durch die Staaten, und der in seiner Heimat ohnedies nie ernst genommene Hans Hollein schnappte allen internationalen Kollegen vor deren Nasen den Reynolds-Award weg.

Schuld an diesem Desaster ist aber auch wieder ein Österreicher, nämlich Adolf Loos, der schon in der Frühblüte des Jugendstils gegen das Ornament zu rasen begann und — um nur ein Beispiel zu nennen — mit seinem für Tristan Tzara erbauten Haus noch heute den berühmten Pariser Geschmack paralysiert. Auch ist nur wenigen bekannt, daß Olbrich, dem die Mathilden-Höhe in Darmstadt ihr tristes Aussehen verdankt, auch ein Östereicher war.

Nachhaltiger jedoch versuchten sich die Östereicher auf jenem Gebiet, das ihrem angeborenen Hang zur Flachheit eher entsprach: der Tafelmalerei, Graphik und Zeichnerei. Daß dabei Wolf Huber in den Markt seines Zeitgenossen Dürer einzubrechen versuchte, ist nebensächlich und soll nur erwähnt werden, da sich hier eine Praktik zeigt, die im achtzehnten Jahrhundert zu ersten Erfolgen führte.

Da nämlich verfälschte Anton Raphael Mengs in Rom die letzten Reste antiken Schönheitsempfindens und beeinflußte auf verhängnisvolle Weise das folgenschwere Weltbild seines Freundes Winkelmann, durch das Generationen deutscher Gymnasiasten zur Lebensuntüchtigkeit erzogen wurden. Da kleckste Johann Wolfgang Baumgartner seinen knödeligen Barock auf süddeutsche Wände, verhunzte Balthasar Permoser den Dresdner Zwinger mit abstrusen Plastiken.

Damit waren die letzten Bastionen deutschen Kunstempfindens eingerannt, und durch die offen liegende Flanke des Kulturlebens strömten die Eindringlinge aus dem Osten.

München wurde zum Brückenkopf der österreichischen Immigration, denn dort machte sich lausartig die Sippe der Schwanthaler breit und verhöhnte das schüchtern keimende bayerische Nationalbewußtsein durch eine blecherne Karikatur der Bavaria. Nicht weniger weit brachte es Josef Ritter von Edlinger, der sämtliche Münchner Kollegen als Königl. Bayer. Hofmaler deklassierte.

Hier stoßen wir bereits auf eine spezifische Art österreichischer Wühlarbeit, die des weiteren wie ein roter Faden unseren Hals würgen wird und im österreichischen Hang zur Bürokratie ihre

Wurzel hat: das unheilvolle Wirken von Österreichern an Akademien. Als erster hatte damit der schon von Schuberts Bacchanalen genügend berüchtigte Moritz von Schwind Erfolg, und seither ist die Münchner Akademie ein Dorn im Auge jedes Kultusministers. Nur Josef von Führich ging noch weiter, nämlich nach Rom. Ausgerechnet in der Stadt Raphaels kreierte er die Schule der Präraphaeliten, deren Machwerke noch heute sonst gutbürgerliche Schlafzimmer und bessere Internate verunzieren.
Kurze Zeit später aber landete ein Österreicher den vernichtendsten Treffer gegen den deutschen Geschmack. Sein Erfolg war so tödlich, daß sogar ein ganzes Zeitalter nach ihm benannt wurde, was unseres Wissens danach nur mehr einem verhinderten Kunstmaler gelang. Hans Makart verwandelte binnen kurzem ursprünglich bewohnbare Räume in frühe Modelle von Vernichtungslagern. Gierig bleckten bereits im Vorzimmer ausgebreitete Tigerfelle mit den Zähnen, düster drohten überall Pfauenfedern und wild mit den Augen rollende Gipsmohren wiesen den Weg in jene Salon oder Gute Stube genannte Geröllkammer, wo Unzählige in den Staubwolken niederstürzender Plüschborduren ihr Leben lassen mußten, sofern sie nicht von dem aus wackeligen Vitrinen niederhagelnden Nippes erschlagen wurden. Auch das seinerzeit aufkommende ziellose Herumflanieren auf öffentlichen Straßen — heute Gammeln, damals Corso genannt — geht auf Makarts Konto: Die armen Leute hatten einfach keinen Platz mehr in der Wohnung, und begeistert stürmten sie kurze Zeit später auf die kahlen Schlachtfelder Flanderns, wo man sich bewegen konnte, ohne an Phönixpalmen, Makartbouquets, Prachtstative und Buffetkaryatiden zu stoßen.[4]
Aber wie immer, wenn die deutsche Landschaft zu verflachen droht, kam Rettung aus den Bergen, die damals allerdings in Tirol lagen und Franz Defregger auf das Münchner Kunstleben losließen. Dort garnierte der Erfinder eines knorrigen Stammes die Salons mit den dazu passenden Bauern, und endlich besann man sich wieder auf Blut und Boden. Als dem »Letzten Aufgebot« auch noch die weihwassergetränkten Adlerscheuchen von Albin Egger-Lienz nachfolgten, war die Bahn für den größten Österreicher gebrochen.
Davor aber überschwemmte eine Welle von Seelennudeln Deutschland, deren dekadenteste selbstverständlich aus Wien kamen, wo der Altmeister der Landschaftsmalerei, Rudolph Alt, seinen Namen für ein »Sezession« genanntes Unternehmen hergab.
Schwer lassen sich die gesamten Auswirkungen überblicken. Wer weiß, was Toni Stadler mit seiner Dachauer Malschule und später

mit seiner zweiten Gründung der Münchner Sezession an Schaden anrichtete? Vor allem die Jüngeren nahmen kein Blatt vor die Scham. Die sittlichen Schäden, die beispielsweise Gustav Klimt mit seinen fröhlich masturbierenden Damen anrichtete, lassen sich kaum abschätzen.

Österreich selbst wußte sich gegen diese Sittenstrolche zu schützen: Unter anderem wurden Egon Schiele und Franz Bayros wegen Pornographie eingesperrt. Im Ausland aber betätigten sie sich dafür nur um so ungenierter, wie Gustav Klimt mit seinen Mosaiken im Palais Stoclet in Brüssel, das sein Landsmann Josef Hoffmann derart verbaute, daß es heute nur noch als Museum verwendet werden kann. In Österreich aber erregte er bereits mit seinen relativ harmlosen Deckenbildern für die Wiener Universität einen Skandal. Es fügte sich, daß diese Machwerke später in einem Depot verbrannten, während die dafür bestimmten Wandzwickel noch heute im schlichten Geschmack dezenter Goldkaros glänzen.

Besonders arg wurde auch Frankreich in Mitleidenschaft gezogen, zu dem Österreich — wollen wir einmal von Napoleon absehen — eigentlich freundschaftliche Beziehungen unterhielt. Dort errichtete ein böhmischer Gefreiter eine zwölfjährige, erbarmungslose Kunstdiktatur, von der sich dieses Land nur schwer erholen konnte.[5]

Genug der Beispiele. Erwähnt sei nur noch als eines von vielen der traurige Fall der Kunstakademie zu Stuttgart. Während aus diesem Teil deutscher Lande immer wieder Retter des Vaterlandes kamen — so Kurt Georg Kiesinger —, geriet die dortige Kulturausbildungsanstalt hoffnungslos in österreichische Hände. Mit Hans Canon fing vor nahezu einem Jahrhundert dieses Übel an, mit Adolf Hoelzel nahm das Unheil seinen Lauf, und es endete keineswegs bei dem Eisenphalluserzeuger Rudolf Hoflehner. Ihm soll jetzt auch noch Alfred Hrdlicka folgen, dessen Satz: »Ich habe LSD probiert, da kann mir Stuttgart auch nicht mehr schaden«, kaltschnäuzigsten Zynismus offenbart. In solche Hände soll unsere Jugend geraten, nachdem sie nicht einmal mehr unbefangen zu den Denkmälern nationaler Ereignisse aufschauen kann, da auch die Plastiken des Völkerschlachtmonuments in Leipzig von einem Österreicher, nämlich Franz Metzner, stammen.

Einmal mußte da die Rettung kommen, und es ist nach all dem Bisherigen klar, daß auch sie durch einen Österreicher erfolgen mußte. Da er selbst an der Wiener Kunstakademie nicht zugelassen wurde — und somit trägt sie das Hauptverdienst an allem Geschehen —, also selbst ausreichenden Kunstverstand besaß,

sorgte er dafür, daß zunächst die Akademien und später die Galerien von dieser dekadenten Brut befreit wurden.
Wer aber geglaubt hatte, die Österreicherei in der Kunst sei damit erledigt gewesen, der irrte sich. Einige stellten sich einfach auf nordisch um und verstellten abermals deutschen Künstlern den Platz an der Sonne: Ivo Saliger mit seinen Badenden Dianen und sonstigen Fleischstücken, Eisenmenger mit seinen geharnischten Nibelungen und vor allem der große Josef Thorak, der sich später in der Zeit nationaler Schande als Ofensetzer fortbringen mußte. Auch Gustinus Ambrosi sei erwähnt, der als Wiener Häferlkaffeeaufguß Michelangelos und nachmaliger österreichischer Staatsbildhauer eine Unzahl Päpste und andere Staatsoberhäupter so konterfeit hat, wie es ihnen eigentlich auch gebührt.
Nach der Befreiung Deutschlands von österreichischer Herrschaft blühte erst recht »das verborgen oder deutlich sichtbare Morbide, die Krankheit, die in einem rassischen Sumpf wie Österreich immer deutlich zum Ausdruck kommen mußte«,[6] wie schon Dr. Goebbels kernpunkthaft festgestellt hatte. Es gilt nämlich nicht nur zu berücksichtigen, wieviele Deutsche jährlich die Kunstakademien verlassen und von den wenigen Österreichern den Rahm abgeschöpft bekommen, sondern wir sollten auch darauf achten, welche Gesinnung sich in deren Machwerken spiegelt.
Bereits Alfred Kubin kritzelte immer wieder das Abgründige, Traumhafte nieder. Er zollte also unserer Realität überhaupt keinen Tribut, und wenn, dann nur in gehässigen Grimassen. Statt Lebensfreude, Lebensbejahung und Bewunderung für unser deutsches Wesen zu erwecken, stellen fast alle österreichischen Künstler ausschließlich zersetzenden Anarchismus oder gar nihilistischen Pessimismus in ekelerregender Weise dar, vor allem die Schüler Albert Paris Güterslohs, die sich teils Surrealisten, teils »Phantastische Realisten«, teils gar nichts nennen, jedoch auf jeden Fall wertvolle Devisen ins Ausland verschieben. Charakteristisch für sie alle ist die Beschäftigung mit dem Abseitigen, Unappetitlichen, wie bei Alfred Hrdlicka mit Dirnen, Lust- und sonstigen Mördern, Ernst Fuchs mit Christus und Rudolf Hausner mit sich selbst.
Immerhin kann an dieser Stelle die »Wiener Schule« noch verteidigt werden, da zum Beispiel die zahllosen Cherubs und später die vollbusig-jugendstiligen Sphinxen aus den Meisterhänden von Ernst Fuchs ebensogut in stilmöbeleingerichtete Wohnzimmer passen wie die dezent parfümierten Blumengebinde Wolfgang Hutters oder die orientalischen Fabelwesen Erich Brauers.

Eingedenk der Tatsache, daß bereits am Dada mit Raoul Hausmann ein Österreicher beteiligt war, verschrieben sich Robert Pichler und Robert Klemmer der Pop-Art — wobei wir übersehen wollen, daß auch Kitaj in Wien studierte —, und vor allem Christian Ludwig Attersee, der ungestraft Penisschmuckstücke, Prothesenalphabete, Spiegeleihosen, Speisekugeln und sonstige obszöne Erfindungen in Deutschland verbreiten durfte.

Genug der kleinen Beispiele. Die Bildenden Künste wurden in den Händen der Österreicher »zu Werkzeugen schamloser Verhöhnung mißbraucht«, wie ein Kunsthistoriker feststellen mußte, auf den wir zu gegebener Zeit noch zurückkommen.

Typische Beispiele dafür lieferte der Pöchlarner Oskar Kokoschka. Als er den ehrenvollen Auftrag erhielt, den rheinischen Pater patriae zu konterfeien, verzerrte er die ehrfurchtgebietenden mongoloiden Züge des greisen Kanzlers derart zu einem Adenauer-Bild, daß eine fränkische Kneipenwirtin in berechtigter Kritik das Produkt an eine männliche Toilettentür hängte. Nicht genug damit, lithographierte er auch noch ein Olympiaplakat, dessen abgeschlaffter Penis eindeutig eine Beleidigung der deutschen Sportjugend ist.

Oder Alfred Hrdlicka. Ausgerechnet den Massenmörder Haarmann machte er zum Helden eines Radierungszyklus. Und mit dem »Plötzenseer Totentanz« wärmt er stur wieder alte Geschichten auf, mit der die überwiegende Mehrheit unseres Volkes überhaupt nichts zu tun hat.

Nicht einmal die stets bewiesene Unaussprechbarkeit seines Namens konnte ihn daran hindern, sich an der Spitze des mitteleuropäischen Kunstbetriebs breitzumachen und seine ewigen Themen Sexus und Gewalt auf politisch noch unliebsamere zu applizieren. Wozu brauchte die Stadt Wuppertal ein Monument für ihren ungeliebtesten Sohn? Eine »Skulptur für den Engels-Garten« hatte sie ahnungslos bestellt, und hinterlistig wuchtete der Wiener ein Denkmal dorthin. Niemand hatte auch die Stadt Hamburg gewarnt, die bei ihm eine Plastik bestellte. Statt dessen bekam sie ein Denkmal gegen den Krieg, das noch dazu ästhetisch überhaupt nicht erhebend ist.

Da endlich regte sich mannhafter Protest. Die »konservative Aktion« stand wie ein Haufen Mann gegen diese Verunzierung eines deutschen Stadtbildes auf. Leider aber hat auch dieser Verein aufrechter Deutscher ein kleines Problem. Sein Vorsitzender Ludek Pachman stammt aus Österreichs altem Hinterland Böhmen. Mögen wir uns dennoch trösten: Das Alpenland samt kontaminiertem Umfeld versorgt die BRD eben nicht nur mit rotem Aufruhr, sondern auch mit der hierzulande unentbehrlichen schwarzbraunen Reaktion.

ANMERKUNGEN:

1 Sagenhafter böhmischer Baumeister, nach der dortigen Tradition Lehrer des Dädalos, aber wer beispielsweise die Geschichte der Königinnenberger Handschrift* kennt, wird derlei Geschichtsklitterungsversuchen skeptisch gegenüber stehen.

* Für die Dummen: Der Ruhm, den Deutschlands Germanisten mit dem Nibelungenlied für sich in Anspruch nehmen, verursachte einem tschechischen Archivar schlaflose Nächte, während derer er ein umfangreiches böhmisches Epos noch älteren Datums fälschte. Dieses mauerte er 1886 mit einigen gestohlenen Antiquitäten in einem Keller des Schlosses Königinnenberg ein, um es dort zu entdecken. Der Jubel der Powidltatschkerlpatrioten verstummte 1902, als die neuentdeckten Kultgegenstände als bereits anderweitig archiviert und durch den »Czaslauer Griff« verloren gemeldet wurden.

2 Fritz von Herzmanowsky-Orlando »Der Gaulschreck im Rosennetz«

3 Seinetwegen kam es zur ersten Rektoratsbesetzung an einer Akademie, weil er seinen Studenten das Bedürfnis nach realistischer Malerei im Freien suggeriert hatte.

Unter den zahllosen Opfern Makarts sei eines erwähnt: Anton Romako, der die Aussichtslosigkeit seiner Malerei in diesem Tohuwabohu einsah und durch Freitod aus der ihm verhaßten Plüschwelt floh.

5 Es war dies Alfons Mucha, über dessen Beziehung zu Sarah Bernhard sich heute noch Salonforscher den Kopf zerbrechen, von dem aber gesichert nur feststeht, daß er zuvor als Gefreiter der k. u. k. Armee in Böhmen stationiert war.

Jene mittlerweile längst austrisierte Schweizer Familie konnte ihre Herrschaft unter anderem nur deshalb so dauerhaft gestalten, da sie sich eventueller Pinscher stets gründlich erwehrte. Wer sich zu artikulieren vermochte, war bereits verdächtig, und daher standen vor allem Musiker immer in höchster Gunst.
Wir können der Geschichte dankbar sein, denn die neuere Entwicklung der deutschen Literatur beweist, daß bei einer vorzeitigen Liberalisierung Österreichs dem deutschen Volk weder ein Goethe noch ein Schiller geschenkt worden wären, hätten sie sich doch als gebürtige Frankfurter oder Marbacher bei ihren Verlegern kaum durchsetzen können. So aber herrschte — leider nur, was die Literatur betrifft — in Österreich tiefste Stille, und was aus jener Zeit in österreichischen Lesebüchern konserviert wird, ist zu uninteressant, um diesseits des Inns Beachtung zu finden.
Den Beweis für unsere These liefern mühelos einige Ereignisse, die vor der Habsburgerherrschaft auf dem österreichischen Literaturgewerbesektor stattfanden und schlagartig Tendenz und Gefährlichkeit dortiger Sprachdrechsler erhellen. So mischte sich ein völlig bedeutungsloser Kleinadeliger in die höchsten politischen Belange des Reichs und versuchte während des zwischen Kaiser und Papst entstandenen Streits die öffentliche Meinung mit zahllosen Hetzliedern zu manipulieren. Aber Walter von der Vogelweide steht nicht allein da; auch sein »Kürnberger« genannter oberösterreichischer Landsmann versuchte dasselbe, und nur die Abfassung ihrer Pamphlete in nahezu unverständlichem Mittelhochdeutsch hat größeren Schaden verhindern können.
Diese beiden und der etwas spätere Oswald von Wolkenstein zeigen uns bereits fest umrissen den wahren Charakter österreichischer Literatur, der sich bis heute in vollster Abgefeimtheit erhalten hat: Immer wieder scheint ihr einziger Zweck die Herabsetzung, Einschüchterung und Zerstörung alles Deutschen zu sein, und zu diesem Zweck wird weder an Zoten gespart noch an Ironie oder zersetzendem »Humor«, ganz abgesehen von einer geradezu pervers anmutenden Lust am Makabren, Widernatürlichen, Unanständigen. Das gewichtigste Dokument hierfür ist der umfangreiche, in Versen und Österreich abgefaßte Bericht vom Untergang eines Rheinländerstammes, welcher nur höchst fadenscheinig mit innerfamiliären Differenzen erklärt wird. So dankbar man im

Allgemeinen für die Ausrottung von Rheinländern sein sollte, so sehr ist das »Nibelungenlied« vom moralischen Standpunkt aus zu verurteilen.

Dann aber kam endlich Zucht in das Alpenland, und es wurde still, bis auch die Habsburger, vom Bazillus Austriacus infiziert, verschlampten und die Literaten aufs neue ihre Federn zu sträuben begannen.

Wie unangesehen das Handwerk solcher Sudelschreiber war, kann man schon daraus ersehen, daß der Neuadelige Nikolaus Niembsch von Strehlenau für seine Machwerke nur die letzten zwei Silben seines Adelsnamens als Pseudonym zu wählen wagte. Ausgerechnet in den USA schrieb er eine penetrant larmoyante Hymne auf irgendeinen österreichischen Postillon, der durch irgendeine Mainacht tutet. Daß diese ganze Mainachtpoesie mitten im tiefsten Winter entstand und seither von Generationen Schülern auswendig gelernt werden mußte, wird auch nicht durch den Umstand gemildert, daß ihr Verfasser kurze Zeit später im Irrenhaus verstarb.

Anomalien und ein äußerst gestörtes Seelenleben sind auch die Ursache umfangreicher literarischer Ausschwitzungen eines oberösterreichischen Schulinspektors, der sich schließlich mit einem Rasiermesser die Kehle durchschnitt und Stifterlied

Das meiste allerdings, was in jener Zeit entstand, wurde schnell wieder vergessen. Hamerling etwa, dessen griechische Schwüle heute keinen deutschen Hund mehr hinter dem Kachelofen hervorlockt.

Kurz darauf aber begann eine neue Welle der österreichischen Literatur, an der wir bereits alle Charakteristika heutiger Literaten bemerken können, beschäftigten sich doch die Dichter weniger mit dem Anfertigen druckbarer Werke als mit der Verbreitung von Tratsch, Zoten und mit dem Spinnen subtiler Intrigen. Dazu war die ernste Gelehrtenstube freilich kein Ort, weshalb die neuere Literaturgeschichtsschreibung im Kaffeehaus stattfindet. Diese kaffee-schalen Genüssen bestimmten Räume, von durch Zigarettenqualm matt schimmernden Lichtern künstlich erhellt und durch vergilbte Spiegel künstlich aufgebläht, sind der wahre österreichische Parnaß, und dementsprechend fiel das aus, was dabei herauskam. »Decadence« war das Leitwort der Zeit und ist es im konservativen Österreich auch geblieben. Wie revolutionär die »Jung-Wiener« Bewegung allerdings wirklich war, kann man an

der Rauschebartfahne Hermann Bahrs ersehen, unter der sich die freudianisch engagierten Jünger sammelten, weil Bahr aus der Führerstadt Linz stammte.
Aber auch wenn sie nicht im Café Central hockten, vom schachspielenden Trotzky mißtrauisch beäugt, schwelgten sie in Morbidezza. Da strich Hugo von Hofmannsthal mit gepflegter Hand über die Saffianrücken seiner Bibliothek, sinnend, ob er nicht doch eines Tages in den Schlafrock des alten Goethe hineinwachsen würde, falls er nicht gerade für den Münchner Richard Strauß ein schwülstiges Libretto schrieb und so diesen kernigen Bayern zu griechischen, ägyptischen, chinesischen oder Wiener Exotismen verführte. Felix Salten ließ giftige Bemerkungen gegen die ehrwürdige Dichterin Marie von Ebner-Eschenbach los, die — laut Herzmanovsky — aussah wie ein distinguierter, wenn auch bedenklicher Bulldogg und stets mit dem Schnurrbart wabberte. Dabei wußte jeder, daß ihr der Autor des »Bambi« ihr unvergleichliches Hundeepos »Krambampuli« neidete.
»Das beste, was dieser Rehsodomit je geschrieben hat, ist die Mutzenbacher«, meinte Karl Kraus, aber auf den war ja jeder böse, da er vor nichts Respekt hatte. Zuerst hatte er unter dem Pseudonym »Crepe de Chine« geschrieben, aber darunter steckte eine gefürchtete Pranke, der auf die Finger zu schlagen für Anton Kuh und Franz Werfel beinahe eine Lebensaufgabe wurde. Nur den verrückten Peter Altenberg mochte er gern, und dabei nahm diesen Sonderling mit Seehundbart und Knotenstock niemand ernst außer den kleinen Grabennutten.
Nein, der Kraus war nichts für die elegante Kaffeehausrunde, wenn er auch im Café Imperial seinen Hof hielt. Da war man im Central doch feiner und vor allem unter sich. Arthur Schnitzler zum Beispiel vernachlässigte auf sträfliche Weise seine Arztpraxis und versuchte, Sigmund Freuds Erkenntnisse in umfangreichen Büchern voll dahingeplauderter Belanglosigkeiten privat zu deuten; Richard Beer-Hoffmann quälte sich alljährlich einen umfangreichen Mythos ab, und als die noch umfangreicheren, amüsanten Kulturgeschichten Egon Friedells erschienen, hätte das niemand diesem korpulenten Komiker und Kabarettisten zugetraut.
Aber nicht nur in Wien wurde ein Schreibmaschinenanschlag nach dem anderen gegen das Abendland geführt. Gustav Meyringk sammelte grausige, abwegige Geschichten und nannte sie höhnisch »Des deutschen Spießers Wunderhorn«, als hätte ein solcher eine

derartige Phantasie. Aber noch entarteter, abstoßender ist zweifellos, was Franz Kafka aus dem Trauma seinem Vater gegenüber gemacht hat.
Da half auch nichts, daß sich ausnahmsweise auch edelgesinnte Dichter in Österreich fanden. Zwei Steirer nämlich versuchten, den unappetitlichen Ausdünstungen der Großstadt frische Gebirgsluft entgegenzublasen. Mannhaft bekämpften sie das an dieser geistigen Brunnenvergiftung schuldtragende Judentum, jedem Band seelischer Fäulnis zehn mit aufrechtem Blut und Boden gefüllte entgegensetzend — es half nichts. Dennoch muß der Priester und Dichter Ottokar Kernstock stets rühmend erwähnt werden, zeugen doch seine Heldengesänge, obgleich sie mittlerweile vergessen sind, von einem Deutschtum, wie es in Deutschland selbst nie auftrat. Der ehemalige Waldbauernbub Peter Rosegger indes ist auch noch heute deutsches Volksgut, ein Mahner gegen Verflachung aus steirischen Bergen.
Die übrigen österreichischen Literaten jedoch überhäuften das deutsche Volk immer stärker mit seelischem Abhub. Während Friedrich von Schiller aus faulenden Äpfeln höchsten Idealismus kelterte, umhüllten sich österreichische Schreiber nur mit Miasmen, um desto stärkere ausdünsten zu können. Viele von ihnen nahmen ein entsprechend verdientes Ende. Hier ist der Fall des Salzburger Apothekers Georg Trakl erwähnenswert, der seine Drogensucht — vor allem nach Blut, das in seinen wüsten Gedichten eine größere Rolle spielt als selbst bei Vampiren — durch Selbstmord sühnte. Oder Ödon von Horvath, der sich nicht scheute, in die Untiefen der Volksseele hinabzusteigen, und von einem stürzenden Baum in Paris erschlagen wurde. Und wir können von Glück sprechen, daß ein Herzschlag Robert Musil daran hinderte, seinen von Inzesthandlungen und anderen Abartigkeiten durchwucherten »Mann ohne Eigenschaften« zu vollenden.
Man braucht nur zu vergleichen, um die wahre Natur österreichischer Schriftsteller zu erkennen: Eugen Roth, der deutsche Dichter, zeigt in seinen launigen Versen, wie ein Mensch letztenendes doch mit allem Unbill der Welt fertig wird. Josef Roth, der österreichische Schreiber hingegen, zeigt immer nur das Negative, Kranke, Sozialistische. Er entstellte in seinen Werken die gute alte Zeit, höhnte bedenkenlos Gott, Kaiser und Vaterland und verstarb demgemäß ziemlich unbeachtet.
Es ist nahezu unmöglich, alle zu nennen, ohne in eine Litanei zu verfallen. Stefan Zweig bereiste ruhelos die deutschen Lande, an

jedem Bahnhof von schmachtenden Verehrerinnen und blechenden Mäzenen empfangen, und schnappte so zahllosen deutschen Dichtern größere Beträge und kleinere Ehren vor der Nase weg. Franz Werfel überschwemmte den deutschen Buchmarkt mit seinen Elaboraten, die überdies dem internationalen Katholizismus immer höriger wurden, Alexander Lernet-Holenia wurde nicht müde, auf seiner Dragoner-Vergangenheit herumzureiten und der deutschen Jugend die heilige Achtung vor den Institutionen der Literaturkritik zu rauben.

Mit allen Mitteln versuchten die Österreicher sich interessant zu machen. Um ihre Wiener Herkunft zu vertuschen, gingen sie in völlig harmlos erscheinende Länder, Hermann Broch zum Beispiel in die USA, Elias Canetti nach London, Felix Braun nach New York und Georg Saiko nach Rom. Aber das hinderte sie nicht, weiterhin die deutsche Sprache zu schänden und säuberlich in Ganzleinen und Halbleder gebundenen Samen der Zwietracht unter das deutsche Volk zu streuen.

Nur wenige blieben in Österreich, wo Karl Kraus eine »Fackel« nach der anderen abbrennen ließ, blindlings nach links und rechts schießend und ebenso unvermittelt seinen Frieden mit den Austrofaschisten machend.

Gerade er wird heute immer wieder als leuchtendes Beispiel österreichischer Literatur zitiert. Wie das? Vielleicht, weil sich seine Unaufrichtigkeit in der Behauptung zeigt, zu seinem großen, im Reich zu Ehren und Ansehen gelangten Landsmann fiele ihm nichts ein, auf welchen Satz ein ganzes, dickes Buch über ebendenselben folgte. Auch schrieb er anläßlich des Ersten Weltkrieges ein völlig unaufführbares Drama mit dem Titel »Die letzten Tage der Menschheit«. Aber die hat auch einen Zweiten Weltkrieg mitgemacht und wird es sicher noch zu einem dritten bringen. Dafür bekämpfte er seine deutschen Kollegen aufs unverschämteste, vor allem Maximilian Harden und Alexander Kerr, dem er immer wieder seine unvergleichliche Tante Friederike Kempner, die begnadete Lyrikerin, vorwarf. Vor allem aber spritzte er Gift gegen die wenigen in Österreich verbliebenen Literaten. Da lagen ihm Anton Wildgans und Alfons Petzold im Magen, die von halbrechts und halblinks her auf den Arbeiter einzuschreiben versuchten. Und ganz besonders Albert Paris Gütersloh, der mit seinem »Lügner unter Bürgern« den Deutschen den Fontane-Preis weggeschnappt hatte.

Aber bereits kurze Zeit später wurde endlich auch den österreichischen Schmieranten das Handwerk gelegt. Die Reichsschrifttumskammer sorgte für Sauberkeit und Ordnung, und vor ihren gestrengen Augen fanden nur wenige Gnade, Josef Weinheber vor allem, der in wohlverstandener Gefolgschaftstreue schließlich auch seinem Führer freiwillig nach Walhall folgte, und Mirko Jelusich, dessen Heldenschinken auch heute noch zahllose Buchgemeinschaftsabonnenten entzücken. Und der große Kurt Ziesel, letzter Wahrer deutscher Tradition in würdeloser Zeit. Da die deutsche Erneuerung schließlich nur von einem Österreicher kommen kann, sitzt er auf halbem Weg zwischen Braunau und München, am Chiemsee, und sorgt dafür, daß deutsche Gerichte nicht arbeitslos werden.[1]

Niemand aber rettete mehr das deutsche Volk vor österreichischen Schriftstellern, als die freie Marktwirtschaft ausbrach. Nun, da alle moralischen Schranken gefallen waren, konnten sie ihr Zersetzungswerk in verstärktem Ausmaß wieder aufnehmen und hatten damit so durchschlagenden Erfolg, daß es deutschen Verlagslektoren heute nicht erspart bleibt, oft tagelang auf den schauerlich unbequemen Plüschbänken Wiener Cafés herumzusitzen, um nur irgendein noch unentdecktes Talent aufspüren zu können.

Glücklicherweise haben die Österreicher selbst die Gefahr rechtzeitig erkannt, die ihnen aus der philosophischen Ecke drohte, und so mußte Ludwig Wittgenstein nach Oxford gehen und Martin Buber nach Israel. Die Wiener Universität wurde und wird von solchen Elementen rein gehalten.[2]

In Deutschland konnte jedoch nichts den österreichischen Vorstoß bremsen. Elias Canetti wurde wieder entdeckt, auch Hermann Broch, und als sich die deutschen Dichter in der »Gruppe 47« zu einem Schutzbund organisierten, wäre ihr erster Preisträger beinahe der Österreicher Milo Dor geworden.

Fernab von diesem in Deutschland schnell und daher auch in Österreich langsam etablierten Literaturbetrieb, hatte sich jedoch schon in verschiedenen, jeweils bald geschlossenen Wiener Lokalen ein finsterer Verschwörerzirkel gebildet, der die deutsche Literatur vollständig demolieren wollte. Glücklicherweise nahmen die Wiener diese Absicht nicht ernst und ihre Planer noch weniger, so daß sich Konrad Bayer schon umbrachte, ehe der zu erwartende Erfolg eintraf. Der Rest dieses »Wiener Gruppe« genannten Zirkels jedoch sitzt heute in Deutschland und tut Entsprechendes.

Gerhard Rühm zum Beispiel rief mit seinen »Thusnelda-Romanzen« die Staatsanwaltschaft auf den Plan, und Oswald Wieners »die verbesserung mitteleuropas« erweist sich bei genauerem Hinsehen als ganz, ganz etwas Anderes. Allen voran aber, auch in den Auflagenziffern, steht Hans Carl Artmann und läßt sämtliche Vampire tanzen. Keine Buchmesse vergeht, ohne daß nicht einige Bücher von ihm erscheinen, und wenn es gar nicht anders geht, dann wenigstens »Gesammelte Werke«. Dabei ist bisher noch nicht wissenschaftlich erwiesen, ob H. C. Artmann wirklich lebt und nicht etwa ein Wiedergänger ist oder selbst eine Phantasmagorie oder gar eine fixe Idee.

Nicht genug damit, stieß plötzlich auch die österreichische Provinz nach. Aus Kärnten, wo zuvor bereits Marlies Haushofer einen in jeder Hinsicht bedenklichen Kannibalismus gepredigt hatte, stieg ein naturalisierter Grazer auf den verwaisten Platz Bayers und den seit Goethe und Heyse unbenützten Thron der Klassiker. Peter Handke wurde der Udo Jürgens der deutschen Literaturavantgarde und es gelang ihm, meines Wissens als einzigem dieser Gattung, sogar auf die Bestsellerlisten zu kommen — zwar hinter Simmel und Knef, aber immerhin.

Was bleibt deutschen Dichtern in Zukunft übrig? Der deutsche Buchmarkt stagniert und Österreich speit jedes Jahr unermüdlich neue Literaten aus. Den sich bereits zu Schutzverbänden zusammenschließenden deutschen Literaten wird als einzige Lösung aus der an der Kehle ihrer Existenz würgenden rot-weiß-roten Umschlingung nur jener Ausweg bleiben, den vor ihnen schon Brecht und Zuckmayer gingen: die Flucht in die österreichische Staatsbürgerschaft.

Zeitgeist

Stets war der Infiltrationsanteil der Österreicher in unserer bundesrepublikanischen Presse ein erschreckend hoher, doch in jüngster Zeit holte die Alpenrepublik zum Vernichtungsschlag gegen die ohnedies Kujaugeschädigte deutsche Illustriertenlandschaft aus. Und das unter dem Stichwort »Zeitgeit«.

Von der Welt unbemerkt hatte diesen in Wien ein Blättchen namens »Wiener« entdeckt. Wie nicht anders zu erwarten, ging es natürlich überhaupt nicht um Geist, auch nicht so recht um Zeit im Sinn von Gegenwart, sondern um ein flockiges Irgendwas, in dem zwischen Redaktionsbeiträgen und Inseraten überhaupt nicht mehr zu unterscheiden war. Höchstens breitflächige Fäkalzeichnungen eines gewissen Manfred Deix oder fotorealistische Dreivierteleichen eines gewissen Helnwein waren als Redaktionskonzept auszumachen, aber die Werbebranche schätzte dieses Produkt, wohl nicht zuletzt deshalb, weil ihre Texte im Vergleich mit den übrigen fast literarisch wirkten.

Wie alles Übel wollte man auch den »Wiener« exportieren. Zuerst versuchte man, die in Österreich ohnedies überflüssige Redaktion samt Art Director einem Hamburger Verlag anzudienen, was auch gelang. Unter dem Namen »Tempo« kursiert nun ein Abguß des »Wiener«, lautstark gestaltet von Lo Breier und Markus Peichl, dessen herausragende Leistung bislang das Abfassen gefälschter Leserbriefe war. Aber damit nicht genug: Von Wien aus wird nun auch noch ein BRDigter »Wiener« nach Deutschland abgeschossen, und somit bekommt unsere Republik nun den Zeitgeist doppelt eingeflößt, und jedesmal ist es einer, wie ihn sich die Österreicher so vorstellen.

ANMERKUNGEN:

[1] Zettels Trauma hindert mich, alle Institutionen und Persönlichkeiten aufzuzählen, die er schon wegen undeutschen Verhaltens oder sonstiger ihn störender Äußerungen vor den Kadi schleifen wollte. Ich erlasse mir diese Arbeit im tröstlichen Bewußtsein, daß er nicht einmal vor mir zurückschrecken würde. Eventuellen Wallfahrern sei nur mitgeteilt, daß der Gralshüter des Ewiggestrigen zu Breitbrunn, Königstraße 42, erreichbar ist.

[2] Drohte jener mit seiner Maxime: »Wovon man nicht reden kann, darüber muß man schweigen«, der Mehrzahl der österreichischen Universitätsprofessoren die Existenzgrundlage zu entziehen, so dieser durch seine Philosophie der Friedfertigkeit den Österreicher seiner einzigen Nationaleigenschaft, der Aggressivität, zu berauben.

Wirtschaft

Die Omerta der österreichischen Maffia ist nirgendwo so lückenlos wie hier. Nicht einmal einem bekannten deutschen Nachrichtenmagazin gelang es, die Zusammenhänge aufzudecken. Wie könnten daher wir alle das Ausland knechtenden Aufsichtsräte und Manager in den bescheidenen Griff unserer Gründlichkeit bekommen? Der mutige Leser möge also auf eigene Gefahr forschen und sei nur darauf hingewiesen, das Walter Hitzinger nicht mehr Generaldirektor von Daimler-Benz ist. Er wird sich bei seiner waghalsigen Mission über die eminente Gefahr nicht täuschen, die gerade aus diesem Bereich droht, da die übliche Verflochtenheit von Ehrenwerter Gesellschaft, Wirtschaft, Wissenschaft und Technik, Politik und Kriegsrüstung (Voest-Stahl) aus den USA bereits hinlänglich bekannt ist.

Wissenschaft und Technik

Die vollständige Erfassung der österreichischen Erfinder und ihrer Erfindungen ginge ins Uferlose und verbietet sich angesichts der hohen Kosten gerade des wissenschaftlichen Tabellensatzes. Ein willkürlicher Griff in die Tabelle genügt jedoch schon, um zu beweisen, daß die Mehrzahl österreichischer Erfindungen das Epitheton »menschenfeindlich« verdient, weshalb ihre Auswertung auch gerne dem Ausland überlassen wurde:

ERFINDER	ERFINDUNG	ERFOLG
Ettrich, Hugo	Flugtechnik (Ettrichtaube)	ziemlich
Kaplan, Viktor	Turbine	o
Kress, Wilhelm	Flugzeug[1]	o
Madersperger, Josef	Nähmaschine[2]	o
Markus, Siegfried	Automobil[3]	o
Mitterhofer, Peter	Schreibmaschine	o
Ressel, Josef	Schiffschraube	
Uchatius, Franz von	Geschützbronze (Uchatiusbronze)	ziemlich
	lebende Bilder	o

Bescherten uns österreichische Erfinder derart die Übel der Umweltverpestung, der Lärmbelästigung und der entfremdeten Arbeit, so drohen die Folgen der vorgeblich wertfreien Grundlagenforschung österreichischer Wissenschaftler der Menschheit den Untergang zu bringen. Ein kurzes Blättern in dem imaginären Lexikon dieser Geister, das in Angriff zu nehmen die Kapazität eines Kleinverlages übersteigt, läßt uns schaudern:

Meitner, Lise: wurde durch ihre Berechnungen, zu denen sie auch Otto Hahn verführte, zur Mutter der nuklearen Bedrohung.

Verhaltensforschung: pseudowissenschaftliche Disziplin, die den gottesebenbildlichen Menschen auf die Stufe des Tieres hinabzuzerren sucht. Sittliche Werte wie Nationalgefühl, Kampfeswillen und Führerprinzip werden zu animalischen Instinkten herabgewürdigt. Rädelsführer dieser Bewegung sind vor allem Otto König und der Leiter des österreichischen Brückenkopfes auf deutschem Boden, Konrad Lorenz in Seewiesen.

Nobelpreis: zahlreiche Nobelpreise wurden hinterhältig von Österreichern erschlichen. Daß der erste Friedensnobelpreis ausgerechnet an die österreichische Pazifistin und Wehrkraftzersetzerin Bertha von Suttner ging, ist ein besonders trauriges Kapitel in der skandalumwucherten Geschichte dieser Organisation.

Ein Östereicher sei abschließend noch erwähnt, an dem die Wirksamkeit des scientio-ökonomischen Syndroms symptomatisch greifbar wird: Ferdinand Porsche. Der Erfinder, Unternehmer und Kriegslieferant lieferte mit seinem Volkswagen das deutsche Volk nicht nur den blechernen Fängen des Molochs Massenverkehr aus, dem auf unseren Straßen jährlich Zehntausende zum Opfer fallen, sondern entfremdete überdies auch mit der nach ihm benannten Autotype die deutsche Jugend ihrem angestammten Ideal, für das Vaterland zu sterben.

Unsere Zeitgenossen; Frau Baronin Bertha von Suttner

Die Friedens=Bertha

DIE ZERSCHMETTERUNG DEUTSCHER SITTLICHKEIT

Als katholisches Land war Österreich seit eh und je dazu verdammt, keusch und sittsam leben zu müssen. Das beweist nicht nur die in verschiedenen Liedern aufgestellte Behauptung, daß es auf der Alm keine Sünde gäbe, sondern auch die Geschichte der Maria-Theresianischen Keuschheitskommission.

Der Anlaß zur Gründung dieses österreichischen Verhältnissen entsprechend ziemlich umfangreichen Polizeiapparats war ein sehr trauriger. Bei einer Streife der Radaupolizei wurde »Seine Majestät, der Kayser und Hertzog von Lothringen in sehr bedäncklichem zustande in einem zweyffelhaften hause«[1] aufgegriffen, und ehe man diesen peinlichen Zwischenfall noch recht vertuschen konnte, hatte seine zu Recht erboste Gemahlin bereits dafür gesorgt, daß derlei nicht mehr passieren konnte.

Die Insassinnen des seines kaiserlichen Gönners beraubten Hauses wehrten sich zwar nach Kräften gegen das von allerhöchstem Munde ausgesprochene Berufsverbot und hängten das an jenem Unglücksabend vergessene kaiserliche Hemd an die Fahnenstange des Portals — es half ihnen nichts. Nächtlich patroullierten die »Jungfernschnüffler« mit knarrenden Stiefeln durch die Gassen, und der Kaiser blieb auch an den langweiligsten Abenden daheim, mit der Folge, daß Maria Theresia in schöner Regelmäßigkeit Prinzen oder Prinzessinnen warf, insgesamt sechzehn.

Dennoch ließ sich der Stand der »Grabennymphen« nicht so leicht ausrotten, erzielte doch ein »Taschenbuch für Grabennymphen auf das Jahr 1787« einen derart hervorragenden Verkaufserfolg, daß diese verlegerische Idee bald Nachahmer fand. Überhaupt erfüllten die leichten Damen den guten Kaiser Josef II. mit schwerer Sorge, so daß er sie eines Tages einfangen, ihnen die Haare scheren ließ und sie dergestalt zum Straßenkehren verurteilte. Auch das hielt sich nicht lange, denn der Polizeibericht vermerkt, daß »dise weipsbilder ihre schandarbeit nur benutzen, ehrbare bürger auf der strassen unflätig als kunden anzuschreien und sich neue galane zu suchen, welche ihnen perucken kauffen«.[2] Kurz entschlossen wies der Kaiser über vierhundert »Straßennymphen« aus, natürlich nach Deutschland. Wir erwähnen das nur, da wir später auf einen ähnlichen Vorgang zu sprechen kommen müssen.

Dies alles wohl erwogen, hab' ich die Idee zu einem Grabennymphenkalender wieder aufgegeben, und statt dessen ein brauchbares Taschenbuch für euch ausarbeiten lassen.

Ihr ersparet auf diese Art wenigstens 15 kr. für den Stempel, und findet hier lauter solche Maximen und Lehren, die bey eurer freyen Kunst, euch unentbehrlich sind; ja! dieses Taschenbuch kann euch, da ihr ohnehin keinen andern Katechismus leset, statt eines Katechismus dienen.

Schenket also diesem so löblichen Unternehmen euern holden Beifall, und bleibet mir im Gegentheil mit Gnaden gewogen.

Der Verleger.

I. Wie

Pervertierung der Kunst Gutenbergs: »Taschenbuch für Grabennymphen auf das Jahr 1787«.

Seither flossen über Österreichs Grenzen ungezählte Schweinereien in deutsche Lande, etwa dieser Art:

»Nun aber habe ich die Ehre, sie zu fragen . . . ob sie noch offens leibs sind? — ob sie etwa gar haben den grind? — ob sie nicht bisweilen lust haben sich aufzuhencken? — — — Ja, ja, so geht es auf dieser Welt; einer hat den Beutel, der andere das Geld, mit was halten Sie es? — — mit der hand, nicht wahr? — Oui, par ma lafoi, ich scheiss dir auf d'nasen, so, rinds dir auf d'koi. ach Mein arsch brennt mich wie feüer! was muß das nicht bedeüten! — vielleicht will dreck heraus? — ja, ja, dreck, ich kenne dich, sehe dich, und schmecke dich — — und — — was ist das? — — Mein ohr, betrügst du mich nicht? — — Nein, es ist schon so — welch langer, trauriger ton ! — victoria! — unsere arsch sollen die friedens-zeichen seyn! dreck! dreck! — o dreck! — o süßes wort! — dreck! schmeck! — auch schön! — dreck, schmeck! dreck! leck! — o charmante! — dreck, leck! — das freüet mich! dreck, schmeck, und leck! — schmeck dreck, und leck dreck! — ich scheiße schon wirklich bald 22 jahr aus den nemlichen loch, und ist doch noch nicht verissen! — und hab schon so oft geschissen — — und mit den Zähnen den dreck ab-bissen. Mein Entschluß ist gefaßt; wenn

mir noth ist, so gehe ich, doch nach dem die Umstände sind wenn ich das laxiren habe, so lauf ich und wenn ich gar nicht mehr halten kann, so scheiß ich in die Hosen. und wers nicht glaubt, der soll
Spalte 67
mich lecken ohne End, von nunan bis in Ewickeit, bis ich einmahl werd wieder gescheid. da hat er gwis zu lecken lang, mir wird dabey schier selbsten bang, ich fürcht der dreck der geht mir aus, und er bekommt nicht gnug zum schmaus. schauen sie, daß sie vorm Neüen jahr noch drinn sind, so will ich sie dann betrachten von vorn und hind — will sie überall herum führen, auch wenns nothwendig ist klistieren — also kommen sie gewis, sonst ist ein schys; ich werde alsdan in eigner hoherperson ihnen Complimentiren, ihnen den arsch Petschieren, ihre hände küssen, mit der hinter büchse schiessen, ihnen Embrassiren, sie hinten und vorn klistiren, und einen wackeren furz lassen erschallen, und vielleicht auch etwas lassen fallen — iezt muß ich ihnen eine traurige geschichte erzehlen, die sich jezt den augenblick ereignet hat. wie ich an besten an dem brief schreibe, so höre ich etwas auf der gasse. ich höre auf zu schreiben — — stehe auf, gehe zum fenster — — und — höre nichts mehr — — . . . wie ich aufstehe, so höre ich nur noch etwas ganz schwach — — aber ich schmecke so was angebrandtes — — wo ich hingehe, so stinkt es. endlich sagt Meine Mama zu mir: was wette ich, du hast einen gehen lassen? — ich glaube nicht, Mama. ja ja, es ist gewis so. ich mache die Probe, thue den ersten finger im arsch, und dann zur Nase, und —— Ecce Provatum est; die Mama hatte recht. Nun leben sie recht wohl, ich küsse sie 10000-mahl und bin wie allzeit der alte junge Sauschwanz —«[3]

Das schrieb nicht der Otto Mühl, sondern Wolfgang Amadeus Mozart. Ob es sich hierbei um einen verspäteten Ausbruch der analen Phase oder bereits um eine Analfixierung handelt, könnte auch wieder nur ein Österreicher beantworten. Immerhin ist der Arsch samt seiner Produkte ein Generalthema der österreichischen Literatur, auf das wir zu geeigneter Zeit noch eingehen werden.
Vorläufig sind wir an der Schwelle des neunzehnten Jahrhunderts angelangt. Und somit bei der Feststellung, daß nach der Dirnenausweisung der Sittenverfall nicht weiter überhand nahm. Zumal der gute Kaiser Franz II. verordnet hatte, daß sämtliche Ballettänzerinnen der Monarchie nur mehr mit knöchellangen Barchentunterhosen auftreten durften.

VERDERBER DEUTSCHER SITTLICHKEIT
Wolfgang Amadeus Mozart in seinem Nebenberuf.

Dennoch geschahen in diesem Jahrhundert einige Skandale, die in unzähligen Filmen und Operetten ihre Nachwirkungen zeitigten und mithin durchaus zur Zerrüttung auch ausländischer Sitten beitrugen. Der erste ist die von politischen Intrigen wetterleuchtend erhellte Affäre zwischen der Tänzerin Fanny Elßler und dem Herzog von Reichstadt, wobei man nicht weiß, ob dem tuberkelverklärten Sohn Napoleons wirklich soviel an der krampfaderdekorierten Schönheit lag oder ob das Ganze nicht ein geschickter Schachzug des für seine Verschlagenheit übel berüchtigten Metternich war.

Der zweite, wunderbare, oft besungene, devisenbringende ist das Mysterium von Mayerling. Dem armen Kaiser Franz Josef blieb wirklich nichts erspart, wie er selbst sagte. Seinen eigenen Bruder, Erzherzog Ludwig Viktor, mußte er nach Kleßheim bei Salzburg verbannen, nachdem dieser entartete Sproß des Erzhauses einem von ihm angebeteten Fiaker auf dem Stefansplatz mit einem riesigen Rosenstrauß seine Aufwartung machte. Sein Neffe, der Erzherzog Otto, stieß auf dem Gang des Hotels Sacher mit dem englischen Botschafter nebst Gattin und Töchtern zusammen — mit nichts als einem Degen bekleidet, da er einen seiner Nacktabende mit Kameraden und Theaterdamen feierte. Nie bekam der würdige Monarch ganz heraus, ob es seine Gemahlin Sissy nun mit dem Grafen Andrassy getrieben hatte oder nicht, und so betrachtete er seine Tochter Valerie zeit seines Lebens mit tückischen Augen, immer wieder ihr rassiges Profil mit der in seinem Schreibtisch verborgenen Fotografie des Nebenbuhlers vergleichend. Aber Mayerling setzte dem Ganzen die Krone auf.

Da waren aber auch alle für ein Schauerdrama nötigen Ingredienzien beisammen: der würdige, beinfleischfressende Monarch, die damals schon halbwahnsinnige Kaiserin, die intrigante Gräfin Larisch, der in der letzten Nacht Wienerlieder singende Leibfiaker Bratfisch und vor allem das Liebespaar. Er, verheiratet und auch sonst neurotisch, vielleicht sogar ein versteckter Revolutionär (!) und sie, von der unendlichen Reizlosigkeit Wiener Backfische! Dazu noch eine stürmische Nacht und die Delikte Ehebruch, Mord und Selbstmord, alles auf Allerhöchster Ebene. Daß derlei Spiele des Schicksals eindeutig unter »Schmutz und Schund« fallen, dürfte feststehen. Bedenklich ist nur, daß dieses geschmacklose Ereignis ähnlich wie Goethes »Werther« eine Unzahl Anschlußtäter zeugte.

VERDERBER DEUTSCHER SITTLICHKEIT

Der österreichische Offizier vermochte sowohl in seiner Schlüsselrolle in der Filmgeschichte wie auch als Waffen-»Bruder« den deutschen Soldaten mit seiner Fäulnis anzustecken, deren Grad der Dialog obiger Szene enthüllt: »Nicht wahr, Herr Graf, Sie verraten keinem Menschen, daß ich gestern bei Ihnen war.« »Aber Tschapperl, bitt dich! Bleibt selbstredend im Regiment.«

Zurück zur Analfixierung. Wiederum mußte es ein Wiener sein, der all den seelischen Schmutz in einer »Wissenschaft« genannten Disziplin ans Tageslicht zerrte. Daß er außerdem noch ein Jud' war, sicherte ihm zwar für Österreich die Damnatio memoriae, nicht aber uns vor seinen Erkenntnissen.

Österreich kann stolz darauf sein, Sigmund Freud nie ganz ernst genommen zu haben. Da hielt man es in Wien schon lieber mit Otto Weininger, dem Entdecker des physiologischen Schwachsinns des Weibes. Mit dem Freud aber konnte man absolut nichts anfangen, was beispielsweise jenes gehäufte Bündel Satiren beweist, die man einem Robert Musil gar nicht zugetraut hätte und die in ihrer bieder-reaktionären Grundtendenz bei aller geschliffenen Formulierungskunst genausogut von Friedrich Torberg stammen könnten.[4]

Die Österreicher konnten es nie verzeihen, daß da ein Mann aus der Berggasse, mitten im ernsten Stadtteil der Regierungsräte und Honorarprofessoren behauptete, wir hätten ein Triebleben oder gar so etwas Unappetitliches wie Unbewußtsein; sie benutzen dies aber gerne als Waffe gegen die seelische Volksgesundheit des verhaßten Feindes jenseits der Grenzen. Nie gelangte Freud zu einer Anerkennung an den heimischen Universitäten. In Wien beispielsweise sorgt der Stuhlobwalter für Psychologie, Rohracher, noch immer mit eiserner Hand dafür, daß sich dergleichen Themata ja nicht etwa in eine Dissertation verirren könnten.

Als die österreichischen Geistesherkulesse diesen seelischen Augiasstall ausräumten, konnte es nicht ausbleiben, daß sich der Schmutzstrom breit ins Ausland ergoß. Seine stärksten Verkrustungen hinterließ er bezeichnenderweise in den USA. Die dortige Psychoanalyse ist total österreichisch infiziert, wobei natürlich — schon allein der zahllosen filmenden Emigranten halber — Kalifornien wie bei allen Entartungen an der Spitze liegt. Friedrich Hacker möge nur als ein Beispiel genannt werden. Charakteristisch ist, daß auch dieser große Geist im Grunde seines Herzens einen kleinen Wiener Chauvinisten mit sich trägt.

Sicherlich hätte Freud nirgends sonst als in Wien zu seinen aufregenden Erkenntnissen kommen können, zumindest ist in der ganzen Welt kein Fall von Stadt bekannt, der mehr Fall ist, aber Wien hat – und das sollte bei allen Vorwürfen nie vergessen werden – alles getan, um dergleichen zu verhindern. Erst unter dem Druck der Reisebüros, entschloß sich eine Wiener Kulturinstitution sehr zaghaft, die schon längst ausgeräumte Wohnung Freuds wieder als eine Art Museum einzurichten.

VERDERBER
DEUTSCHER
SITTLICHKEIT

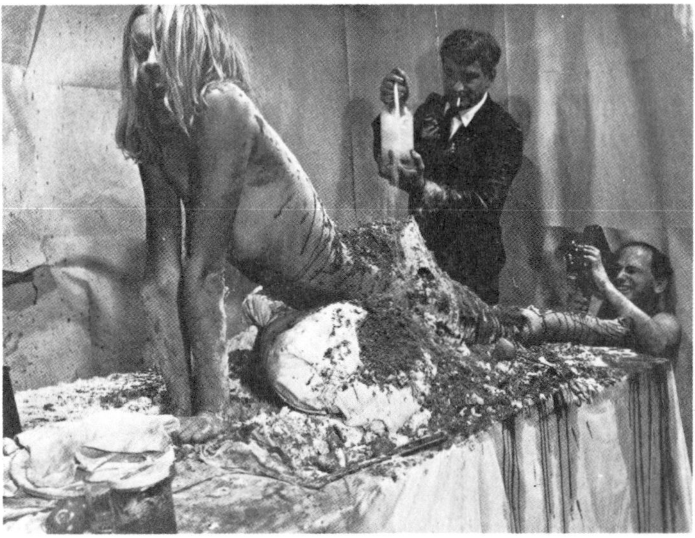

Salten, Mühl, Schnitzler und Freud.

Fast noch schlimmer jedoch für die seelische Volksgesundheit Deutschlands wirkte sich die Tätigkeit Wiener Sudelschreiber und Pornographen aus. Dieselben haben seit Mozart eine lange Tradition, welche schon lange vor Mozart reicht, und in zahlreichen Privatdrucken immer wieder in den in jener Beziehung ungleich phantasieloseren deutschen Raum geschleust wurde. Zu ihnen dürfen wir den ehemaligen Beamten Sacher-Masoch zählen, der durch ausführliche Beschreibung des nach ihm benannten Phänomens in allen seinen Büchern der Welt eine weitverbreitete Perversion bescherte, die ihr sonst erspart geblieben wäre.

Den Höhepunkt in dieser Beziehung leistete sich jedoch ein Wiener Journalist, der zuvor schon die Kinder mit einem sodomitischen, »Bambi« genannten Buch zu verderben suchte. Felix Salten schrieb oder redigierte, wie die Fama wissen will aufgrund einer zwischen Werfel, Blei und Gütersloh im Café Central abgeschlossenen Wette, den legendären Lebenslauf der Josefine Mutzenbacher.

Dieses von allen Kritikern einwandfrei als solches anerkannte Meisterwerk der Pornographie hat, abgesehen davon, daß es einige Verlage sanierte, unermeßlichen Schaden im Volksbewußtsein angerichtet, zu welchem Zweck es ja auch von den wortmächtigsten Österreichern — von Karl Kraus bis Robert Neumann — stets propagiert wurde. Da hilft es auch nichts, daß sich noch heute jeder Leser dieser Kindersexualitäten verpflichten muß, zumindest 21 Jahre alt zu sein.

Besonders deutlich hat Oswald Wiener die von der Mutzenbacher ausgehenden Gefahren dargestellt: »in wien ist die sexualität der besonders merkwürdige urgrund einer gesellschaft, die sich dem oberflächlichen bieder und harmlos-liebenswürdig zeigt; ja diese wienerische erotik ist geradezu d i e form einer wienerischen anarchie, einer anarchie allerdings, die nicht selten von staats wegen sortiert und gefördert worden ist, weil sie so die konstitution intakt ließ.«[5]

Sehen wir einmal von diesen auch bei Wiener auftretenden Wiener Lokalpatriotismen ab, müssen wir feststellen, daß die Mutzenbacher in Österreich selbst von Staats wegen nie gefördert, sondern sogar das Gegenteil wurde. Nur der Export nach Deutschland wurde es aus den bereits als Rache für Königgrätz durchschauten Gründen. Und so konnte es nicht ausbleiben, daß sich viele Studenten, statt zu studieren, gerade dieser Form von Anarchie mit dem Motto »fuck for peace« nachdrücklich annahmen. Immerhin war die Gefahr so groß, daß es eine aufrechte Deutsche aus dem kühlen Norden erhebliche Anstrengung kostete, diese anarchistischen Forderungen mit allen Mitteln eines Versandhauses zu gesellschaftserhaltenden Gesellschaftsspielen zu läutern, wobei der rapide geweckte Bedarf nach statussymboligen Spielwaren gleichzeitig zur Festigung unserer freien Marktwirtschaft und des Wohlstands Einiger beiträgt.

Neben diesen Untaten, die allesamt der Vergangenheit angehören, in ihren Fortwirkungen jedoch in die Gegenwart erigieren, nehmen sich die jüngsten Anschläge Österreichs auf unser sittliches Empfinden vergleichsweise harmlos aus. Die Vorderseite des deutschen Unterleibs ist seit den Rammstößen Freuds, Schnitzlers und Saltens endgültig eingerannt. Den Kulturschaffenden nach 1945 blieb der entscheidende Schlag mitten in die deutsche Scheiße vorbehalten. Vor allem Konrad Bayer und Gerhard Rühm sind für die unvergleichliche Fäkalisierung der deutschen Sprache verantwortlich zu machen, die bekanntlich von Mozart eingeleitet wurde. Vor allem ihr Gedicht

»scheissen und brunzen
sind kunsten«

leistete einer verharmlosenden Ästhetisierung dieser sonst nur verschlossenen Räumen vorbehaltenen Lebensäußerungen gefährlichen Vorschub. Noch deutlicher wurde Gerhard Rühm, indem er von den der Volksvermehrung dienenden Organen abzulenken versuchte und beispielsweise Liebeslieder schrieb wie:

»Warum ist denn dein arsch so rund
warum ist denn dein arsch so schön . . .
und dieser sitz, er ist noch warm . . .
hier saß das end von deinem darm,
so bohre ich denn mein gesicht
wild in den sessel, bis er bricht . . .«[6]

Hier wurde einer Entwicklung Bahn gebrochen, die schließlich dazu führte, daß ehedem verpönte Worte wie »Scheiße« seither zum guten Ton jeder zwischen Studenten und sonstigen Intellektuellen geführten Diskussion gehören. Kein Liberaler mit Selbstachtung, der nicht ein »Scheiß-Liberaler« sein will. Seit durch die bedauerliche Einführung der Republik kein Adelsprädikat mehr verliehen wird, ist die Silbe »Scheiß-« zum letzten Ersatz eines ehrenhaften Titels geworden.

Dafür aber, daß nicht nur die am kulturellen Leben interessierten, sondern alle Schichten der Bevölkerung auf ihre Kosten kommen, sorgte ein namentlich weniger bekannter Berufszweig, der vor

allem in Hamburg seit einiger Zeit von sich reden macht. Geschäftstüchtig, wie sie sind, verdrängten dort Wiener Zuhälter ihre arme, wehrlose deutsche Unterweltkonkurrenz nahezu vollständig aus ihrem Lebensraum. Die hanseatische Polizei konnte nur mehr feststellen: »Die Österreicher sind in Hamburg die stärkste und kriminell intensivste Gruppe der ausländischen Zuhälter. Neben ihnen sind die anderen Ausländer wie Türken, Griechen, Spanier, Italiener und Schweizer nur Randfiguren der Zuhälterei ohne nennenswerte Aktivität.«
Wer glaubt, daß das heute anders sei, irrt. Noch immer hört man auf der Reeperbahn das sonst nur im Wiener Prater angesiedelte »Schatzi«. Dennoch hat die Polizei mit den Österreichern gründlich aufgeräumt. Die lieben Wiener Herren haben einen ganz bestimmten Hamburger Berufszweig geschaffen: den Heirater. Gegen entsprechende Gage ließen sich Kellner, Studenten und anderes lichtscheues Gesindel von vollbusigen Wienerinnen zum Standesamt schleifen. Seither gibt es an der Waterkant nahezu keine Dirne österreichischer Staatsbürgerschaft mehr. Fein sind sie raus: Für dieses Kapitel zeichnet Österreich nicht mehr verantwortlich.

ANMERKUNGEN:

[1] Akten des Erzhauses. In: Karl Blümml und Gustav Gugitz »Sittengeschichte des josephinischen Wien«, Wien 1926

[2] Karl Blümml und Gustav Gugitz »Bilder aus dem alten Wien«, Wien 1920—28

[3] Aus Briefen Mozarts an seine Augsburger Base Maria Anna Thekla Mozart in den Jahren 1777 und 1778. In: »Briefe und Aufzeichnungen. Hrgs. v. der Internationalen Stiftung Mozarteum Salzburg«, Band II, Kassel 1962

[4] Vgl. Robert Musil »Der geraubte Ödipus«

[5] Vorwort zur Ausgabe der »Josefine Mutzenbacher« im Verlag Rogner & Bernhard

[6] »Das Literarische Cabaret der Wiener Gruppe«, Hamburg 1967.

Selbstverständlich liegt es im Interesse eines Sumpfes, nicht nur seine giftigen Mückenschwärme in alle Welt auszusenden, sondern auch noch möglichst viele unschuldige Opfer in seinen Bann zu ziehen und alldort entweder tödlich zu infizieren oder gleich untergehen zu lassen. Hier sind wir an dem Punkt unserer Überlegungen angelangt, der uns die ganze Tragweite österreichischer Machenschaften erschreckend klar werden läßt: Dieses Volk begnügt sich nämlich nicht nur damit, seine Bazillen ins Ausland zu schleusen, nein, wie Fliegen auf den Leim werden aus allen devisenstarken Weltgegenden ansonsten biedere Bürger in touristische Hinterhalte gelockt, um als ausgepreßte Sozialtourismuszitronen, von österreichischer Gedanken Blässe angekränkelt, den Virus Austriacus in ihre Heimat zu schleppen.
Allerdings ist nicht nur die Austrisierung der Welt — die durch Österreichs Wirken in der UNO und vor allem durch Verschleppung der Internationalen Atom-Energie-Kommission nach Wien bezeichnende Gestalt annahm —, sondern auch ein anderes Ziel Ursache dieses verhängnisvollen Tuns: die filzlausige Veranlagung der Österreicher, am besten auf Kosten anderer zu leben.
Dazu bietet sich wie kein anderes das Gastgewerbe an, weshalb viele »Auslandsösterreicher« — wie wir diese Parasiten in fremden Volkskörpern höflichkeitshalber nennen vollen —, mit gesundem Schmäh aber sonst keinerlei Talent ausgestattet, als Kellner und Kellnerinnen deutschen Berufskollegen das Wasser abgraben. So hat sich zum Beispiel im Raum Stuttgart eine steirische Maffia vieler gastronomischer Betriebe bemächtigt, und wir gehen nicht fehl in der Prophezeiung, daß viele von ihnen das dort erworbene ehrliche, deutsche Geld nach Österreich verschleppen werden, um dort neue Fallen für deutsche Touristen aufzustellen.
Dabei ist Österreich alles andere als ein Fremdenverkehrsland, im Gegenteil: seine Fremdenfeindlichkeit ist geradezu legendär. Jahrhundertelang haben die Österreicher alles getan, was in ihrer Macht stand, um ein geregeltes Transportwesen zu unterbinden. Auch hierfür ist Fritz von Herzmanovski-Orlando ein nicht wichtig genug zu nehmender Zeuge, berichtet er doch nicht nur, wie Kaiser Josef II. die österreichische Erfindung der Eisenbahn an England verschenkte, das sie erst ein halbes Jahrhundert später machte, sondern auch, wie auf der berüchtigten Strecke zwischen

Mürzzuschlag und Leoben in der Steiermark selbst große und international rennomierte D-Züge einfach versickerten. Aber auch ohne diese Zeugen für österreichische Geschichtsabnormitäten gibt es genügend Beweise: nicht nur die geradezu sibirischen Verspätungen bei der österreichischen Bundesbahn und die skandalumweihräucherte Autobahn, auch das übrige Straßennetz und die österreichische Luftverkehrslinie AUA können schlechten Gewissens erwähnt werden.
Warum also versucht Österreich dennoch, mit allen Mitteln Fremde in eigens dafür vorbereitete Gegenden zu locken?
Die Antwort ist wie bei allen unüberschaubaren Phänomenen denkbar einfach: Wie die Wespe vom Honig fremder Bienenstöcke leben die Österreicher von Devisen. Statt dafür Industrien aufzubauen, internationale Handelsverbindungen anzuknüpfen oder auf andere Weise schwer zu arbeiten, nahmen sie einfach die ringsum völlig umsonst vorhandene Landschaft als Grundkapital und warben damit, als hätten sie den Großglockner selbst gebaut oder den Wörthersee eigenhändig gebaggert.
Nun hat jedes Land, das etwas auf sich hält, einige Berge und Seen, die bedauernswerten Niederlande und Belgien ausgenommen; viele Länder verfügen auch über wintersportträchtigen Schnee und abenteuerlusterweckende Lawinen. Also mußten sich die Österreicher einige zusätzliche Reizmittel einfallen lassen, und mit der ihnen eigenen, tückischen Phantasie haben sie es schließlich auch geschafft.
Ehe wir einige dieser Köder untersuchen, wollen wir darauf hinweisen, welch entscheidende Rolle Public Relations und Werbung in unserer modernen Industriegesellschaft spielen: Viele große Konzerne sind durch übermäßig hohe Werbungskosten zeitweise in Bedrängnis geraten. Demnach war vorauszusehen, daß die Österreicher mit dem ihnen eigenen Raffinement Propagandaformen entwickelt haben, die nicht nur eigene Unkosten vermeiden, sondern ebenso tief in die Tasche des Ausländers greifen wie der österreichische Gastronom, sobald sein Opfer in das Land gelockt worden ist.
Wessen Ohren wurden beispielsweise von Wienerliedern verschont? Diese abgefeimte Mischung aus Wein, Weib, Stadtbild und dem spätestens in der dritten Strophe als besondere Würze auftauchenden Tod ist letztlich nichts als eine grauenerweckende Gehirnwäsche, die schon manche noch so widerstandsfähige deutsche Eiche in eine austrophile Trauerweide verwandelt hat. Die fernöstliche

SÄULEN DES STAATES:
Wiener Sängerknaben, Lipizzaner und Heurigenstimmung.

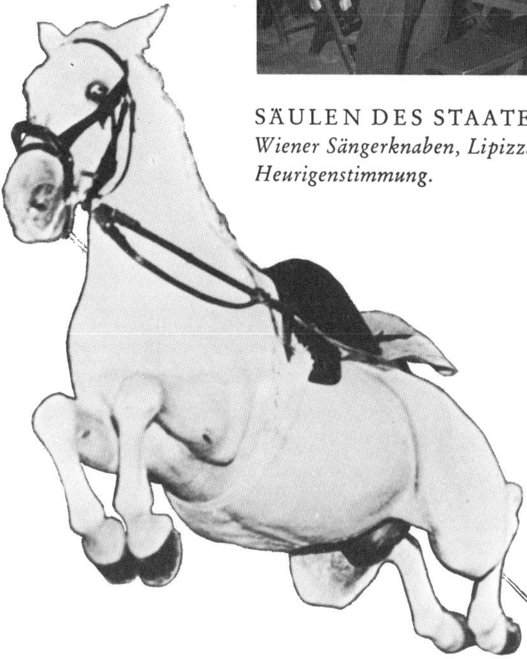

Metaphysik der Seelenwanderung (»I muaß in einem frühern Lebn a Reblaus gwesn sein«), Potenzangst (»Wer niemals einen Rausch gehabt, der ist kein wahrer Mann«), Selbstmordwahn (»Verkauft's mei G'wand, i fahr in'Himmel!«) und Amnesie (»Vergiß deine Sorgen«) werden skrupellos als Lockmittel eingesetzt, Hoffnungen werden erweckt, beispielsweise auf flurpolizeilich verbotene Saturnalien (»Drunt' in der Lobau«), nicht vorhandene Plätze lauschiger Zweisamkeit (»Das Wegerl im Helenental«) und vor allem auf »süaße Maderln«, die in Wirklichkeit ganz anders sind, und wer die Dinge bei Tageslicht betrachtet und ernüchtert fliehen will, wird mit dem Versprechen hingehalten, daß »Wien bei Nacht erst schön« sei.

Da aber haben nahezu alle Lokale bereits geschlossen, und in der ägyptischen Dunkelheit wird manchem, der den Wienern aufs Schmalz gegangen war, ein großes Licht aufgehen, nachdem er alles getan hat, von dem man ihm einredete, daß er davon noch ein Leben lang träumen würde.

Nun soll man nicht sagen, daß die Österreicher in diesem Punkt nicht Wort halten. In den Fieberträumen des Fremden werden immer wieder jene Heurigen auftauchen, in die er busweise verschleppt wurde, um bei saurem Wein die Erörterung der Rheinfrage (»warum ist es . . .«) zu hören. Mit Schaudern wird er die dolchigen Blicke an seinem Körper fühlen, die ihn trafen, wenn er zufällig in ein Lokal fiel, in dem auch Wiener verkehrten. Megärenhaft grinsend werden die süßen Maderln vor seinem Auge vorbeiziehen, die nur deshalb so preiswert sind, weil nach ihnen auch ein Arzt an der Sache verdient.

Was hat ihm der Aufenthalt in dieser gewiß museal schönen Stadt geboten? Er durfte in der berühmten Staatsoper gastweise verpflichtet und italienisch singend jene Sänger hören, die ihm jedes bessere Opernhaus Europas ebenfalls bietet, dafür aber begleitet von der dritten Garnitur der Wiener Philharmoniker (die wirklich guten dieser großartigen Musiker spielen nur Konzerte, und da kommt kein Ausländer rein!); er verließ den Prater enttäuscht über die Farblosigkeit eines üblich mittelstädtischen Rummelplatzes, wenn er nicht dabei zufällig in die Fäuste eines Zuhälters rannte; er sah die Zirkusattraktionen der Spanischen Hofreitschule und als Höhepunkt Wienerischer Lebensfreude die Kapuzinergruft; er sah infolge der unmöglichen Öffnungszeiten die berühmten Sammlungen des Kunsthistorischen Museums nicht; er suchte vergeblich die mittlerweile verschwundenen Cafés; er sah vom Kahlenberg auf

die Dreckwolke über der Stadt, und was die »blaue Donau« betrifft, hatte er Pech, denn gerade an diesem Tag spiegelte sich der Himmel nicht in dieser Brühe.
Vielleicht hatte er aber das unwahrscheinliche Glück und traf einen Wiener, und vielleicht hatte er noch mehr Glück und traf einen untypischen, also freundlichen Vertreter dieser Rasse, und der zeigte ihm dann das alte Wien, von dem noch Reste vorhanden sind und die gerade deshalb ängstlich vor Touristen verborgen und in keinem Fremdenführer erwähnt werden. Da war er dann in Stammersdorf bei einem echten Heurigen — wo er garantiert keinen Landsmann treffen konnte —, in einem wirklichen Kaffeehaus, das sich durch das geschickte Layout eines Bestattungsinstituts vor Immigranten tarnte, oder er makabrisierte sich in der Ruine des Café Central.
Dann aber ist das Unheilvolle schon geschehen (und hier sehen wir, daß es sich auch in diesem Falle nicht um Glück handelte, sondern um ein raffiniert geplantes Manöver): der von Wien Vampirisierte wird wiederkommen und im Ausland kostenlos Propaganda für eine Stadt machen, die ihre intimen Kenner am liebsten vergessen möchten.
Außerdem locken die Österreicher mit »Kultur«. Nachdem sie ihre besten Künstler ins Ausland geschickt hatten, erfanden sie die »Festspiele«. Einige Auserwählte, Große, dürfen sich dann wieder in ihrer Heimat zeigen, zumal ihnen eine internationale Gemeinde nachreist. Und daher spielt jeder Ort, der etwas auf sich hält und an der allgemeinen Konjunktur teilhaben will, Fest: von Bregenz bis Mörbisch, deren Seebühnen zur Gewässerverschmutzung beitragen, über Wien, das völlig unmotiviert »Festwochen« abhält, Graz, Friesach, Melk, Grein, Ossiach, Kapfenberg, Spital an der Drau, Innsbruck bis zur Urmutter dieses Unfugs, Salzburg.
Die letzte Einnahmequelle schließlich, der herrlich über den Alpen glitzernde Schnee, wurde jahrelang mit dem großartigen Ruf österreichischer Wintersportler verkauft. Seit aber die großen, die unerreichbaren Stars Pensionswirte wurden, verheißen Skilehrerlenden frustrierten Skihaserln verbotene Freuden und den Alpenländern nie versiegenden Wohlstand.

ÖSTERREICHS
NATIONALHEILIGE

Der heilige Florian
Adalbert Stifter
in der Maske von
M. Mautner-Markhof

Helmut Qualtinger
Kaiser Franz Josef
Hans Moser
Walther von der Vogelweide
Johann Strauß
Der heilige Leopold

AUSTROGRAPHISCHES LEXIKON

Austrographie ist eine keinesfalls den exakten Wissenschaften zuzurechnende Disziplin, die österreichisch Österreich zu beschreiben versucht, also bewußt vorurteilsbehaftet, betont subjektiv, gewollt ungerecht. Die willkürliche Auswahl tritt vor die Fülle der Tatsachen, eine wacklige Ideologie soll die vereinzelten Brocken zusammenhalten und ihnen den Anschein eines fundierten Bauwerks geben. Das entspricht durchaus der Mentalität eines Landstrichs, dessen vollendetste Bauwerke wie Mannequins von Ruinen aussehen, dessen strahlende Vollkommenheit in den Torsi der »Unvollendeten« oder des »Mannes ohne Eigenschaften« universal eingefangen ist und dessen ideale Bewohner, janusschädelig auf Vergangenheit und Zukunft glotzend, für die Gegenwart nur Plattfüße übrig haben.
Beispiele für ein Phänomen, das sich jeder Beschreibung, geschweige denn einer Kartographie, so gründlich entzieht, daß sich nur ein Österreicher darüber verbreiten kann und, wie dieses Buch beweist, nicht einmal ein solcher.
Austrographie müßte der vollendete Umgang mit der Paradoxie sein, um einem Land gerecht zu werden, dessen intensivste Erotik als Haßliebe auftritt und dessen Lebensfreude in Sterbensseligkeit kulminiert. Insofern bleibt dem echten Österreicher als einziger Ausweg seines planmäßig verfahrenen Geistes der Irrsinn.
Daß diese Überlegungen keinesfalls ernsthafte sind, sondern oberflächliche Spielereien, ist ebenfalls österreichisch, denn wer seine Augen in das Halbdunkel der Zwischentöne versenkt, müßte erblinden, sobald er Tatsachen ins Auge zu sehen gezwungen würde. In uns allen steckt ein Narziß, der sich glühend haßt, weil ihm aus dem Spiegel kein Adonis entgegensah.

ALEXANDER, Peter

ist mittlerweile auch schon sechzig.

ARTMANN, Hans Carl

»Eingeweihte«, und es gibt deren mehr als es gibt, nennen ihn HC und betrachten die Bekanntschaft mit ihm als höhere Weihe. Und er sonnt sich in dem Glanz, der da von unten kommt. Über seine Herkunft und sein Leben hat er einen aus unzähligen ironischen Kondensationstropfen gesponnenen Nebel gelegt, den kein Biograph je wird lüften können, höchstens ein phantasieloser Beamter. Mit einem Mundartband — »med aana schwoazzn dintn« — wurde er berühmt. Deshalb verflucht er dieses Buch und ist seither angestrengt bemüht, Bewunderer wie Verleger durch mit eisener Beherrschung durchexerzierte Unbeherrschtheiten tagtäglich zu schockieren. Seine Vorliebe für Horrorfiguren und Vampire ist keine zufällige oder modische. Ihm selbst sitzt unbarmherzig ein barocker Incubus auf, der die seinerzeitigen Leitsätze »Carpe diem« und »Memento mori« so unbarmherzig verwirrt hat, daß sich in dem entstandenen, heillosen Anagramm nunmehr weder Gott noch Teufel auskennen, weshalb als einzige Lösung ein atheistisch profilierter Dämonenglauben übrigblieb.

BRAUER, Erich

Er hat den Orient, dessen zauberhafte Knoblauchwälder unter dem Pflaster des II. Wiener Gemeindebezirks noch heimlich wuchern, mit dem empfindlichen Schwamm seiner Seele aufgesogen und wurde, da er sonst für nichts taugte, ein Märchenerzähler. Er war der ärmste aller armen Teufel, die je auf der Akademie herumhungerten, und seine ersten Märchenbilder malte er mit Farben, die er heimlich aus dem pastosen Oeuvre eines expressionistischen Zeitgenossen preßte. Als ihm das nicht mehr paßte, zog er als Straßensänger durch die Welt, eine Wiener Ausgabe des Ahasver, die man an den unmöglichsten Plätzen zwischen Algerien, Israel und Paris traf, immer von gleichmäßig heiterer Melancholie. Dazwischen baute er sich ein rundes Haus in Israel, und da er immer schon ein zerlumpter Märchenprinz war, bescherte ihm eine gute Fee auch die Prinzessin seiner chassidischen Träume. Irgendwann wurde er dabei auch berühmt und, was ja auch nicht ausbleiben konnte, reich. Das machte ihm weniger aus als den meisten seiner Kollegen, denn in ihm steckte weniger der Virus eines Arrivierchens als der eines Zigeuners, weshalb er jetzt als dessen Luxusausgabe durch Abend- und Morgenland geistert. Im Grunde seines Herzens unglücklich über soviel Glück, bleibt er dabei immer wieder in Wien hängen, mit welcher Stadt er genausowenig anfangen kann wie sie mit ihm.

DEMEL, Der

Diese k. u. k. Hofkonfiserie ist die heiligste, höchste von der Monarchie verbliebene Instanz, ein Tortenbrösel vom Tisch der Götter, eine in schauerlichen Zuckerlfarben vergipste Höhle, in der sich zwischen Millirahmstrudel und Buchteln die letzten eleusinischen Mysterien einer längst versunkenen k. u. k. Größe abspielen. Daher beobachtete auch eine in zwei Parteien zerfallene Öffentlichkeit mit schlagzeilenglotzenden Augen jenen zwölf Jahre dauernden, sogar den Obersten Gerichtshof in Anspruch nehmenden Prozeß, der zwischen »Sacher« und Demel über die Fundamentalfrage entbrannt war, ob nun eine Sachertorte mit Marmelade gefüllt gehöre oder nicht. Wie alles in Österreich endete auch diese Staatsaffaire mit einem Kompromiß, der allerdings noch heute die ihre unendliche Reizlosigkeit raffiniert mit schwarzen Kleidern unterstreichenden Demel-Serviererinnen — als Orden »Demelinerinnen« genannt — in der Seele wurmt. Mit Recht nämlich fühlen sie sich als Gralshüterinnen Österreichs, gilt doch die Auszeichnung, von einer Demelinerin mit Namen angesprochen zu werden, in dieser ohne Adelsprädikat leben müssenden Zeit als Ritterschlag, der zwar mit einem Tortenmesser verliehen wurde, einen aber dennoch unwiderruflich in die Creme de la creme einrührt. Daher sitzen alle Emporkömmlinge geduldig und ausdauernd beim Demel und blicken mit gierigen Augen über den ewig mümmelnden Backen den flachbusigen Serviererinnen nach, ständig leise ihren Namen vor sich herbuchstabierend. Aber eine Demelinerin weiß, was sie der Welt schuldig ist. Nie wird ihr solchen Subjekten gegenüber auch nur ein »Sie« über die Lippen kommen, zumal sie auf dessen Gebrauch durch eine Art Einweihungsgelübde

verzichten muß. Es heißt nämlich immer — bitte nachprüfen! —: »Haben schon gewählt? — Wünschen zu zahlen?«
Und ausgerechnet hier geschah das Unfaßbare, die Revolution! Der Laden wurde von einem gewissen Udo Proksch übernommen, der zuvor schon als Serge Kirchhofer eine – wie sagt man das außerhalb Wiens? – schillernde Figur der Medium Snobiety war. Nun gut, äußerlich änderte er nichts an dem Kitsch, doch zwei Stockwerke höher im Haus richtete er den »Club 45« ein, in dem sich rechte SPÖ-ler und andere zweifelhafte Gestalten ganz unbefangen begegnen konnten und der bald eine Schlüsseladresse bei allen alpinen Großskandalen wurde. Natürlich mußte auch Udo einen liefern, einen zum Haus passend besonders kalorienreichen. Grob gesagt geht es dabei um ein verschwundenes Schiff, das eine sehr hoch versicherte Fracht transportiert haben soll, nämlich eine »Uranmühle«, genauer eine Maschine zur Herstellung von Yellow Cake. Über das reichlich Unaufgeklärte dieser Geschichte sind schon etliche Gerichte verzweifelt, und sie würde auch jede andere Hofzuckerbäckerei sprengen. Dennoch gehört sie hierher, denn Herr Proksch versichert so glaubhaft, wie er nur kann, die ominöse Yellow-Cake-Maschine sei »auf dem Werksgelände« der Kondidorei zusammengebastelt worden.

FLORA, Paul

Man hat es schon über viele andere gesagt, aber bei ihm trifft es zu: Seine Bilder sind ähnlicher als das Original. Viele Große nahmen, sobald sie von der politischen Bühne abtraten, genau das Aussehen an, das er ihnen verliehen hatte. Und Flora leidet darunter, nur als Karikaturist gesehen zu werden. Aber dieses tröstliche Gefühl eines Verkanntseins verbindet ihn mit den anderen Österreichern, sei es nun Raimund, Nestroy oder oder oder.
Hartnäckig bleibt er in Innsbruck sitzen. Wie die Welt aussieht, weiß er ja aus seinen Zeichnungen. Und ab und zu sieht sie tatsächlich so aus. Ein Kubin, der von Herzmanovsky-Orlandos Dämonen heimgesucht wird, und bei dem man das Bedrohliche nicht sehen will, weil es ja soviel lustig ist. Er camoufliert sich als Humorist und haut seine Spukfiguren so schnell auf das Papier, daß keinem die Geschichte jenes chinesischen Malers in den Sinn kommt, der für den Kaiser Wildgänse malen sollte. Das ist gut so, denn wir können uns noch nicht leisten, Flora ernst zu nehmen.

FRANKOPHILIE

Es gab eine Zeit, da Wien Paris quadrieren wollte, und jeder Wiener pariserischer war, als selbst hartgesottene Franzosen wagten. Die Fossilien jener Zeit sind heute noch zahlreich: Die Häuser zerfallen noch immer in Souterrain, Mezzanin und Parterre, der vornehme Wiener hat immer noch »einen odeur«, »einen gout« und, wenn seine Frau nicht aufpaßt, »eine liaison«. Das alles jedoch mit unvergleichlich böhmischem Akzent, da man immer die Brünner für die Erfindung der französischen Sprache verantwortlich machte. Man soll das ja nicht als Marotte nehmen, denn in einem Pissoir pinkelt sichs doch nobler als in einem bayrischen Pissort oder gar einem deutschen Abort. Von jener Zeit, in der man außerdem noch französisch sprechen konnte, verblieb besseren Wiener Familien ein unausrottbares Näseln und die unumstößliche Gewißheit, daß Paris nur ein degoutantes Plagiat Wiens darstellt.

FRANZ JOSEPH, Kaiser

Er wurde Österreichs heimlicher Nationalheiliger, und das mit Recht. Er war der ideale Österreicher, das leuchtende Vorbild, dessen Strahlkraft so ungebrochen auch in der Gegenwart fortwirkt, daß ein einziger Aufschrei der Entrüstung vom Boden- bis zum Neusiedlersee gellte, als in einem Film dieser würdige Monarch nur mit einem Nachthemd bekleidet auftrat: mittelmäßig in jeder Beziehung, dafür aber ein überaus pedantischer Aktenreiter, tolerant nur aus Schlamperei, zwischen den Marksteinen eines Tagesablaufs — Frühstück, Würstel zum Gabelfrühstück, mittags Beinfleisch, Nachmittagskaffee, abends Beinfleisch — von Selbstmitleidsanfällen geplagt und alle Widerwärtigkeiten durch hinterhältiges Überleben bewältigend. Wehe dem, der es wagen sollte, an seiner Gloriole zu rütteln! Seinem Erbe fühlen sich Österreich und auch seine Regierung noch immer verpflichtet, weshalb »Reform« bedeutet, die Dinge einfach treiben zu lassen, wenn man sie schon nicht bremsen kann. Zu dem nach k. u. k. Proporz geteilten Backenbart blickt auch Ernst Fuchs auf, und er wurde das heimliche Banner der österreichischen Avantgarde, jener Nachhut, die allen voraus in die Zukunft prescht.

FUCHS, Ernst

Als Sohn eines Tandlers, wie in Wien die Altwarenhändler hießen, lernte er in der Nazizeit die Froschperspektive so gründlich kennen, daß er ihr in immer neuen, apokalyptischen Phantasmagorien zu entrinnen trachtete. Mit vierzehn kam das Wunderkind an die Akademie zu Gütersloh, und damit begann die Geschichtsschreibung des österreichischen Surrealismus. Die verzweifelte, dämonengeplagte Lage »de profundis« wurde durch wachsende Erfolge sanft angehoben, und plötzlich konnte Fuchs den ursprünglich monströsen Bürger leicht von oben herab betrachten. Das verwirrte seinen Blick, denn plötzlich zeigte sich, daß er ein weiches Sofa doch einem harten Weg vorzog. Halb Bürgerschreck, halb erschrockener Bürger, der er immer war, beendete er den in ihm schwelenden Konflikt durch Verbannung des ersteren, und der Qual seines Judentums entzog er sich durch ebenso exzessiven Katholizismus. Die beklemmende Sexualität seiner Frühwerke milderte sich daher zu posterträchtiger Dekorativerotik, und seit seinem Flirt mit dem Jugendstil vergoldet er sämtliche Wiener Gesellschaftsereignisse mit seinem dekorativen Bart. Sogar eine tiefe Liebe zu Wagner hat er entdeckt und seine dunkle Vergangenheit unter einem zart schmelzenden Tafelspitz im Sacher begraben. Bei diesem Friedensschluß mit sich selbst blieb nur etwas auf der Strecke, das vielleicht altmodisch engagierte Kunstfreunde bedauern mögen.

GALERIE

Eine »Unterwelt« gibt es in Wien nicht. In dieser dämmerigen Stadt braucht nichts das Licht zu scheuen, und daher zeigt bereits die Sammelbezeichnung für Wiener Ganoven, daß sie schön sind wie aus einem Bilderbuch, weniger zum Einsperren als zum Herzeigen da: »Galerie«. Kapitalverbrechen sind selten, das liegt ihnen nicht. Sie teilen sich brüderlich die Erlöse aus kleineren Fischzügen, den verbotenen Glücksspielen und erlaubten Huren. Nur wenn ihnen jemand ins Revier gerät, werden sie böse. Aber außer ab und zu einander bringen sie niemanden um. Mörder sind Einzelgänger, und als solche werden sie von Galerie und Polizei gemeinsam gejagt, weshalb die Beziehung dieser beiden Geschäftspartner des öffentlichen Lebens eine ungeahnt innige ist. Man kennt einander, duzt sich, trinkt in den diversen »Tschecherln« seinen Wein miteinander, und es greift jeden »Inspektor« hart an, wenn er einmal so einen guten Freund verhaften muß. Das mag nur dem skurril erscheinen, der keinen Wiener Ganoven kennt. Nach der Verkleinbürgerung der Wiener haben sich hier die letzten Grandseigneurs erhalten, und deshalb stehen sie unter Denkmalschutz. Sie sind stadtbekannt, haben ihre Spitznamen und werden mit diesen per »Herr« angesprochen. Nur ab und zu spielen sich Tragödien ab, an denen dann die ganze Bevölkerung Anteil nimmt. Da war zum Beispiel der Krista, der als »der Herr Notwehrspezialist« rund ein halbes Dutzend Kollegen zur Strecke brachte, ohne daß ihm etwas geschah. Wegen einer gar nicht eingeplanten Schießerei verurteilte ihn die ungerechte Justiz plötzlich zu acht Jahren. Das war dem sensiblen Mann zuviel, und da er wußte, daß er nunmehr endgültig aus dem Geschäft gezogen sei, vergiftete er sich in seiner Zelle. Sein Begräbnis war von der Anteilnahme aller braven Bürger begleitet. Auf daß sich derlei Grausamkeiten nicht mehr wiederholen, sorgte der liebe Gott dafür, daß »der liebe Berger« vom Gerichtssaal ausbrechen konnte, und kein Beamter weiß bis heute, wie die dazu benötigte Pistole in die Gefängniszelle kam.

GLANZ

Die Traumstadt Alfred Kubins in »Die andere Seite« heißt Perle. Ihre Kulissen stehen in Wien. Viel wurde über den »milden Glanz« geschrieben, der von Österreich ausgehen soll. Es ist das smaragdene Leuchten der Patina, blind gewordenes Messing, das für Gold genommen wird, jene fluoreszierende Staubschicht, die bereits dem Neuen anhaftet, noch ehe es vollendet werden kann. Seinen betörendsten Glanz entfaltet Wien im stumpfen Licht eines farblosen Nachmittags, der die Konturen nachstreicht. Ein Charakteristikum Österreichs — und diese Feststellung hat den Psychologen Walter Hacker so empört, daß er sich eine ganze Woche lang über mich mokieren mußte — ist seine Farblosigkeit: das stumpfe, verwaschene Schönbrunnergelb, jene unzähligen Nuancen von grau und braun, die ein ziemlich heruntergekommener Rembrandt von einer verschmutzten Palette kratzte. Auch die Menschen kleiden sich in matten, gebrochenen Farben, um nicht ungebührlich aufzufallen und die Harmonie zu stören. Und das Ganze ergibt dann ein Bild überwältigender Ästhetik, eines Lenbach würdig. Wie genial wurden die Gußeisenornamente an Treppengeländern und Bassenas durch zahllose Ölanstriche verschummert, wie trefflich schlampig die bizarren Strukturen abgebröckelter Stukkatur übertüncht, wie melodisch gleitet der Firnis zartesten Rußes über die Unebenheiten der Wände! Wien lebt davon, daß es seit Jahrhunderten in Schönheit stirbt, und daher wird keine österreichische Hausfrauenhand je wagen, sich an jener Staubschicht zu vergreifen, die allen Dingen erst den Schimmer gibt.*

* Ein poetisch veranlagter Mensch verglich den Wiener Glanz mit dem Leuchten faulenden Holzes. Ich kann ihm leider nicht recht geben: dieses Klima wäre zu feucht für die österreichische Atmosphäre, jene poetische Luft eines gigantischen Archivs, durchweht von der unendlichen Melodie der Todesseufzer zahlloser verhungerter Papierläuse.

GLYKOL

angeblich überall verwendeter Aromastoff, um zweifelhafte Kreszenzen dem deutschen Weingeschmack anzupassen und frostfest zu machen. Zu Unrecht ins Gerede gekommen, da auch die übrigen Bestandteile österreichischer Weine ein düsteres Geheimnis sind. Ein alter Witz: Der sterbende Weinbauer winkt seine Söhne ans Bett und flüstert mit brechender Stimme: »Übrigens – Wein kann man auch aus Trauben machen.« Die Söhne zueinander, tieftraurig: »Jetzt phantasiert er schon.«

GOTT

Der Österreicher steht gut mit ihm, dem »Himmelvater«, der vor allem Österreich im Auge hat. Und da der Österreicher stolz darauf ist, nach Seinem Ebenbild geschaffen zu sein, kann er Ihn ja mühelos aus seiner Umwelt rekonstruieren. Dabei kommt dann eine Art pensionierter Hofrat heraus, etwas bucklig und mit einem Bart wie der Kaiser Franz Joseph. In den Kirchen wird er zwar anders dargestellt, aber das spielt keine Rolle, da man in ein Gotteshaus ohnedies nur geht, wenn man dem Heiligen Judas Thaddäus eine Kerze für Hilfe in verzweifelter Lage oder dem Heiligen Antonius einen Schilling Finderlohn versprochen hat. Vielleicht auch, daß man einem ausländischen Besucher noch die Stefanskirche in Wien oder gar Mariazell zeigt — als nationales Museum. Nein, unser Gott thront vielmehr in den Heurigenliedern, ohne Sohn und Heiligen Geist. Und den Jesus Christus kann man auch nur für Stoßseufzer verwenden, dann in Gemeinschaft mit Maria und Josef. Aber ohne Gott geht es nicht. An ihn glaubt man inbrünstig, weil man insgeheim immer hofft, daß es ihn ja doch nicht gibt.*

* Eine Betrachtung über den Atheismus, der in Österreich immer als orthodoxer Antideismus auftritt, würde hier zu weit führen. Verraten sei nur, daß auch der hartgesottenste Freidenker im täglichen Leben nicht ohne »Jessasmariandjosef« auskommt.

GÜTERSLOH, Albert Paris

Es wäre unverantwortlich, ihn für alles verantwortlich zu machen, was auf dem von ihm bereiteten Boden gewachsen ist. Er selbst blieb stets er, und das war weniger ein genialer Dilettant als ein dilettantisches Genie. Als Schauspieler, der Max Reinhardt ebenso beeinflußte wie Reinhardt ihn, als Intendant, der er kurzfristig auch einmal war, als Maler in Gustav Klimts Atelier, wo ihn eine für beide gleich fruchtbare Freundschaft mit Egon Schiele verband, und last not least als Schriftsteller, dessen Erstling »Die tanzende Törin« bereits Hermann Bahr von »literarischem Expressionismus« sprechen ließ — er betrieb alles nebenbei und mit jenem heiligen Ernst, der nur einem Homo ludens eigen ist. Und da ihn mit Trotzky nicht nur viele gemeinsame Schachpartien in Café Central verbanden, war er bereits 1918 »eine sagenhafte Figur«, die nun zusammen mit Werfel und Blei eine österreichische Revolution bosselte.

Nach seiner Zwangsarbeitszeit, die ihm die Nazis antun mußten, ging er an die Wiener Kunstakademie, und dort war er ganz selbstverständlich und unangefochten der Spiritus Rector, aber kein Lehrer. Keiner, der heute etwas gilt und nicht zumindest einige Zeit sein Schüler war; Schüler, da ihn sein Lehrer als Schulmeister tückisch im Stich ließ und so zu einer Freiheit zwang, mit der man meist erst später etwas anzufangen wußte. Gütersloh blieb immer antiautoritär, das aber mit unbestrittener Autorität. »Zwei Dinge sind es, die Einen . . . zu einem Schreibenden machen: die Liebe, wenn sie plötzlich kommt, und der Tod, wenn er etwas zögert.« Beides muß bei Gütersloh in Extremwerten stattgefunden haben. »Sonne und Mond« bildet mit Musils »Mann ohne Eigenschaften« und dem »Ulysses« das Dreigestirn unseres Jahrhunderts. Lesen werden diese Materiologie allerdings nur Wenige. »Ein Gedanke hat genau soviel Wert, als seine Sprache darauf legt, eine zu sein«, postulierte Gütersloh, und daran hielt er sich. In souveräner Nichtanerkennung der Tatsachen, daß Leser nur ungern denken. Aber Schriftsteller war Gütersloh ebensowenig wie Maler. Was Reinhardt, Schiele, Kafka, Schönberg, Wittgenstein, Doderer und alle anderen an ihm faszinierte, war der Philosoph, dessen Ausflüsse unorthodoxerweise keine wissenschaftlichen, sondern Kunstwerke waren. Und für eine koloristische Mitwelt malte er daher voll böser Ironie Stilleben in leuchtenden Verwesensfarben oder Miniaturen, deren »Süße« er geflissentlich durch penetrantes Sacharin ersetzte. Er selbst hatte sich aus dieser Welt schon längst zurückgezogen. Verborgen saß er an einem Kaffeehaustisch oder in seiner kleinen Wohnung über den Dächern von Wien, und so tritt er auch als der große Magier in Doderers »Dämonen« auf. Ab und zu stieg er herab, um mit unnachahmlicher Gleichmut Ehrungen entgegenzunehmen. Und zerstörte das Selbstbewußtsein etlicher Minister, wenn er auf deren schwungvolle Laudatio ein freundliches: »Aber geh'!« sagte.

HANDKE, Peter

Sein Start war ein Meisterstück österreichischer Strategie. Aus Kärnten führte er über Graz direkt nach Princeton, New Jersey, allwo er vor über 20 Jahren das müde Häuflein der Gruppe 47 beschimpfte. Als er mit seiner »Publikumsbeschimpfung« nachzog, kannte die masochistische Begeisterung der BRD keine Grenzen mehr. Für solche Zwecke holt man sich schließlich alle paar Jahre einen Österreicher, doch Handke hatte gar nicht vor, diese Rolle bis zum Vorhang zu spielen. Ihn zog's zu Höherem, wenn man so will: Zum Dichter als Künder. Das ist ein schön altmodisches Programm, doch Deutschlands Kulturspalten waren seit eh und je von camouflierten Höheren Töchtern besetzt, und die schätzen sowas. Des Dichters äußerer Weg führte folgerichtig über Paris und die Provence nach Salzburg, wo er das Festspielpublikum seit einiger Zeit mit visualisierten Hörspielen in Weihestimmung schläfert. Sein innerer Weg führte jenseits der Milchstraße, die Botho Strauß aus bedeutungs-

EIN
EBENFALLS
BERÜHMTER AUSLANDS-
ÖSTERREICHER

PRIMUS
VON QUACK
EIN WIENER
FACHIDIOT

vollen Banalitäten stäubt, bzw. in jenen legendären Kiesel in einem erlesen trockenen Flußbett, aus dem sich Gott, Götter, Welt und die Welten ermeditieren lassen.

HELDENBERG, Der

Pargfrieder hieß er und war ein etwas zweifelhafter Kriegslieferant um die Mitte des vorigen Jahrhunderts. Er versorgte die k. u. k. Armee mit schlechtem Schuhwerk, und die sorgte mit ihren ständigen Kleinkriegen dafür, daß die Nachfrage nicht abriß. Pargfrieder wurde reich und — ein in diesem Land seltener Fall — fühlte sich seinen Ernährern zu Dank verpflichtet. Der Ruhm der Helden wurde sein Komplex, und eines Tages begann er, wie unsereiner Briefmarken sammelt, Heldenleiber zu sammeln. Die kaufte er seinen Helden natürlich schon zu Lebzeiten ab, und da einem geheimen Ukas zufolge ein anständiger österreichischer Offizier stets über beide Ohren verschuldet zu sein hatte, bekam er manche Helden direkt zu Schleuderpreisen. Für diese bald veritable Sammlung erbaute er den Heldenberg zu Klein-Wetzdorf, wohin er sich auch selbst zu seiner letzten Ruhe zurückzog. In sitzender Haltung, einen Messingharnisch über dem rotsamtenen Schlafrock, ließ er sich zwischen den Prachtstücken seiner Kollektion, den Feldmarschällen Radetzky und Wimpffen, einsargen. Ein Besuch dieser nationalen Weihestätte ist empfehlenswert, denn Pargfrieder sorgte für eine überwältigende Ausstattung dieses posthumen Rummelplatzes: sämtliche Generalstäbler der Armee, alle, aber auch gnadenlos alle Habsburger mit langen Nasen und Hängelippen garnieren, fein säuberlich in Rondells gespickt, den Schauplatz, und dazwischen tummeln sich trauernde Löwen, heulende Genien, glotzäugige Parzen, Obelisken, Säulenstümpfe und Gartenzwerge, alles aus feinstem Gußeisen. Von einem schwindelnd hohen Obelisk, der die Heldengruft bekrönt, reckt ein beflügelter Genius des Sieges dem Eintretenden einen monströsen Arsch entgegen. Zum Reiz der Ortes tragen entscheidend bei, daß die ehemals naturalistische Bemalung der Figuren mittlerweile aufs Bizarrste vom Rost zerfressen wurde und es auch einen Führer gibt. Verhalten Sie sich ergriffen! Vielleicht provozieren Sie auf diese Weise seinen Führungstext, der sonst nur Schul- und Offiziersbesuchen vorbehalten ist.

ÖSTERREICHISCHE BESTATTUNGSFORMEN

Der Heldenberg in Kleinwetzdorf, Blick gegen die Säulenhalle.
Kaisergruft bei den Kapuzinern (Kapuzinergruft).

HITLER, Adolf

Zu Adolf Hitler fällt mir nichts ein. Karl Kraus.

HELLER, André.

Wie er sich selbst versteht, ist er der Inbegriff des österreichischen Künstlers. Im Paß darf er als Berufsbezeichnung »Poet« führen, obwohl seine diesbezüglichen Produkte nicht einmal für Poesiealben taugen, und als Sänger ist er mittlerweile auch schon lange verklungen. Er ist eben ein Universaldilettant mit Talent zum Impresario, soweit's der Selbstdarstellung dient. Geschmacksfragen werden souverän ignoriert – bei einer »Selbstdarstellung« in der Wiener Sezession setzte er auch seine alte Mutter unter das Inventar –, Geschmäcklerisches monströs präsentiert. Die Poesie findet im Titel statt, die PR besorgt der Meister, und das Ganze zieht erstaunlicherweise immer noch und immer wieder. Anläßlich seines Berliner Feuerzaubers vermerkte ein Rundfunkreporter: »Seit dem Ende des Krieges hat es in Berlin noch nie soviel geraucht und gekracht.« Schön, daß beide Ereignisse von Österreichern angestiftet wurden, und sollte unser Poet einmal seinen begnadeten Körper per Flic-Flac in einem Auto-Autodafé zelebrieren, darf die Nachwelt sagen: In ihm hat Österreichs wahre Kultur ihren nicht weiter reichenden Ausdruck gefunden.

HRDLICKA, Alfred

Er kann sich – ein Sonderfall unter allen Bildenden Künstlern – hervorragend ausdrücken, gerade weil er von sich sagt: »Mir fällt nichts ein, mir fällt nur was auf.« Er darf hier nicht fehlen, weil Österreicher und obwohl er absolut unösterreichisch genau ist. Im übrigen sei auf seine zahlreichen Publikationen verwiesen.

HUNDERTWASSER, Friedereich

Ganz am Anfang hat er Stowasser Fritz geheißen, aber dieser Name paßte nicht zu ihm. Der Problematik seines Charakters entzog er sich in ein handkoloriertes Kinderreich, stets hoffend, seine Genialität würde alles andere schon entschuldigen. Daß er damit recht hatte, beweist sein Erfolg. Der brisanten Mischung aus kindlicher Frische und ausgekochtem Geschäftssinn konnte sich auf die Dauer niemand entziehen, und daher versuchen sogar seine hartnäckigsten Feinde, seinen Charakter mit seinen Bildern zu entschuldigen. Seine einstigen Freunde kennt er nur mehr, wenn es ihm gerade einmal paßt, aber da sie ihn kennen, zucken sie darüber nur die Achseln. Man gönnt ihm seine Spielwiesen, die von der Glaskuppel-Dachwohnung am Wiener Graben über eine Mühle im Waldviertel, einen verfallenen Palazzo in Venedig bis zu einem Haus in der Normandie reichen, lächelt ab und zu über seine hoffnungslosen Versuche als Seemann und freut sich im übrigen an seinen Bildern, von denen man nie sagen kann, ob sie nun dämonisch seien oder unverbindlich dekorativ. Aber das ist ja das Geheimnis seines Erfolgs, der ihm gestattet hat, zwischen sich und die reale Welt einen umfangreichen Hofstaat zu schieben, der ebenso undurchsichtig ist wie er selbst. Mit diesem Gefolge pendelt er als verträumter Zigeuner zwischen seinen zusammengerafften Schätzen und der selbst gepredigten Askese hin und her und sieht im übrigen so aus, als hätte ihn der Hundertwasser entworfen. Die Zeit seiner großen Auftritte ist vorbei. Keine unendliche Linie braucht mehr die gierige Öffentlichkeit zu schockieren, kein für die Allgemeinheit vor stellvertretenden Fotografen vollzogenes Strip-Tease findet mehr statt – Hundertwasser ging den Weg aller erfolgreichen Unternehmen. Doch während die »an die Börse« gehen, führte seiner ins Kaufhaus. Diese Verramschung teilt er mit Ernst Fuchs, und als letzte Ehre darf er für Wien Mietshäuser und für Kamerun Briefmarken gestalten. Hier strahlt sein dekoratives Talent in ungebrochener Banalität.

KAFFEEHAUS, Das

Auch CAFÉ genannt. In aller Welt ist es berühmt, das Wiener Kaffeehaus; deshalb stirbt es in Österreich aus. Alfred Polgar, dessen Emigrationszeit durch das Fehlen jener verräucherten Individualistendome verbittert war, nannte es »den Ort für Leute, die allein sein wollen und dazu Gesellschaft brauchen«. Noch wichtiger allerdings ist seine Funktion als verlängertes Wohnzimmer. Denn die Privatwohnung ist in Wien, für Männer jedenfalls, tabu. Man trifft sich im Kaffeehaus, was außerdem den Vorteil hat, daß man sich auf diese Weise jede Umstandskrämerei erspart. Wichtig ist fernerhin zu wissen, daß in Wien, wo das altindische Kastensystem in seiner strengsten Strenge sorgfältig bewahrt wurde, auch jeder Stand, jede Berufsgruppe ein eigenes Kaffeehaus hat. Die Abgeordneten, die Ärzte, die Fußballer, die Justizbeamten und natürlich auch die Kriminellen, Huren und Künstler. Nun stirbt

das Kaffeehaus aus. Teilweise haben die Leichenwürmer des Espresso seine Funktion übernommen, aber es ist halt nicht mehr das Wahre. Die legendäre Ringstraße ist nahezu kaffeehausfrei, von all den dort so berühmten Cafés halten sich gerade noch drei über Wasser. Und in den übrigen Stadtteilen ist es kaum besser. Das berühmte Café Museum hat seine von Loos entworfene Ausstattung zu Brennholz gehackt und sieht seither aus wie Wien. Das älteste Café, das »Rebhuhn«, wich einer Pizzeria. Das so herrlich ruinöse »Sport« wurde abgerissen. Der »Tschecherltod« geht um. Denn in Wien heißen die Cafés streng nach Rangfolge Café, Kaffeehaus, Tschecherl und Tschoch.
Ein Kaffeehaus aber lebt und birst jeden Tag vor Gästen: das Hawelka. Die Prominentengeilheit seines Besitzerpaares sicherte den dankbaren Künstlern jederzeit geradezu fürstliche Aufnahme. Auch ich habe auf den bis auf die Sprungfedern durchgesessenen Plüschbänken manchen harten Winter überstanden, von Herrn Hawelka mit heimlich zugesteckten Butterbroten ernährt.
Die letzten echten Wiener Cafés aber stehen in Salzburg.

KARAJAN, Herbert von

Er ist ein Genie. Was schrieben doch die Zeitungen über seine »Karajan-Stiftung«, jenen großen Akt eines Mäzenatentums, zu dem der Meister nach seinen eigenen Worten nicht mehr gestiftet hat als seinen Namen. Wie zeitgerecht polterte die Schlagzeile durch die Presse, er werde sogar einmal — für die Wissenschaft! — »im Haschischrausch dirigieren«. Klar, daß derlei nach dieser Ankündigung nicht mehr nötig war. Er ist tatsächlich ein Genie. Wer kroch nicht alles in seinen Arsch, ohne daß die schmalen Hüften ungebührlich ausgedehnt wurden. Souverän nützt er seine Publicity zu allem aus, was menschen- und unmenschenmöglich ist. Das hinterläßt dann seine Spuren im Programm der Salzburger Festspiele, und was Heinrich Heine über schlechte deutsche Dichter mit Goethe meinte, kann man für viele Musiker mit der Formel repetieren: »Karajan hat sie gelobt.« Natürlich spielt auch das keine Rolle, denn Karajan hat kein Publikum, sondern eine Gemeinde. Ihr zuliebe verleiht er den Komponisten die Ehre, ihre Werke zu deuten. Nicht nur der Löbl wird mir diesen Abschnitt zutiefst übelnehmen, und da kann mich auch nicht meine gar nicht so einsame Überzeugung entschuldigen, daß der Maestro zweifellos zu den schlechtesten Opernregisseuren seit Margareta Wallmann zählt. Aber wer den Göttlichen kennt, wird mir vielleicht bestätigen: difficile est satiram non scribere.

KARRIERE

Den Kulturschaffenden und -schaffenwollenden gab ein legendärer Hofrat den Rat, zuerst einmal zu sterben. Das gilt — mit ganz, ganz wenigen Ausnahmen, und die spielten sich stets im Ausland ab — noch heute. In Österreich selbst steht Musenjüngern nur ein einziger, sicherer Weg offen: in der Jugend Sängerknabe, ab der Pubertät Lipizzaner. Die nämlich sind die eigentlichen Stars, kein irdisches Staatsoberhaupt wurde so oft porträtiert wie sie, und vor allem die Riedinger'schen Stiche zieren noch heute und überall jede bessere Spießerwohnung. Versuche, eine andere Laufbahn einzuschlagen, enden meistens böse.
Nichtkulturschaffenden hingegen tut sich in Österreich ein weites Betätigungsfeld auf. Wenn auch die klangvollen Titel abgeschafft sind — die Ämter sind geblieben, und da einem bekannten Sprichwort zufolge der liebe Gott den nötigen Verstand schon nachliefern wird, stehen Österreichs Schreibtische allen offen, vorzugsweise aber jenen bereits leicht beschränkten Sicherheitsbedürftigen, die als Sozialfälle ohne die Garantie eines ruhigen, möglichst arbeitsfreien Lebens andernfalls eine leichte Beute eventueller Radikalisierungsversuche werden könnten. Keine Niete, die nicht durch Verwendung in einem Pfeiler des Amtslebens staatserhaltende Funktion hätte. Da man dabei auch ohne jede Leistung einfach nach Sitzjahren avanciert, sind Österreichs »Fixangestelltenplanposten« das begehrteste Baumaterial wirklich solider Karrieren, zumal dabei garantiert nichts schiefgehen kann. Mit Recht heißt es in einem Lied von Herman Leopoldi:

»Am besten hat's ein Fixangestellter —
Er hat zwar nix,
aber das hat er fix . . .«

KLAGENFURT

unbedeutender Ort in Mittelsüdostösterreich, durch einen trüben Kanal mit dem Wörthersee verbunden, der trotz seines fürchterlichen Gestanks in der Wiederaufbauzeit als Ferienparadies galt und heute noch dem Ex-Kaufhäusler Horten als Ansitz dient. Diese Lage hat die Stadt übermütig und größenwahnsinnig gemacht. Unter beachtlichem Getöse stiftete sie zunächst einen »Ingeborg-Bachmann-Preis« für deutschsprachige Literatur und schließlich gar noch einen für Journalismus. In die Jurys wurden Persönlichkeiten berufen, bei denen man sichergehen konnte, in den von ihnen bestellten Feuilletons erwähnt zu werden, und im übrigen hoffte man auf werbewirksame Skandale, als die man bereits eine heulende Struck oder etwas Blut von Reinald Götz'ens Stirn dankbar hinnahm. Natürlich geht es bei diesen Ritualen nicht um Literatur oder Journalismus, auch nicht um eine weitere Annexion deutscher Sprachräume – das verhindern schon Jury und geladene Gäste –, sondern ausschließlich um ein Beschäftigungsprogramm für die dortige Hotellerie.

KRITIK

Wer die Lust der Österreicher zu Selbstkritik bewundert und vielleicht gar wagt, selbst etwas ähnliches zu sagen, soll sich ja nicht in das Alpenland oder gar nach Wien wagen! Denn die sogenannte Selbstkritik ist nur Raunzerei und diese nur der verschämte Ausdruck eines unverschämten Chauvinismus. Wenn ein Österreicher etwas nicht verträgt, so ist das Kritik, egal, ob es sich da um den Herrn von Karajan, den Herrn Karl, den Herrn Novak oder einfach den Herrn Navratil handelt. David Brinkleys harmlose amerikanische Fernsehsendung »Unser Mann in Wien« führte zu einer Parlamentsdebatte mit anschließenden diplomatischen Demarchen, und als es Helen Vita in einer deutschen Fernsehsendung wagte, ein von einem Exwiener über Wien verfaßtes Lied zu singen, liefen sämtliche österreichischen Redakteure vor Wut grün an und brachten wochenlang Schlagzeilen und Leitartikel, so daß die bedauernswerte Sängerin in Wien schließlich unter Polizeischutz gestellt werden mußte. Vor allem die Presse reagierte auf jede auch nur leise Kritik wie ein Pfarrer, dem man in den Meßkelch gepinkelt hat. Die einzigen, die vielleicht noch schimpfen dürfen, sind die Österreicher selbst. Aber ja nicht öffentlich!!! Dann kann es nämlich passieren, daß selbst eingefleischte Sozialdemokraten der abgeschafften Todesstrafe nachtrauern.

KYSELAK, Josef

Er lebte bis 1832 und verkehrte in der »Ludlamshöhle«, welcher »Spaßverein Wiener Künstler« allein durch die Mitgliedschaft Grillparzers, Bauernfelds und Bäuerles das heftigste Mißtrauen der Polizei erregte. Dort auch schloß er jene berühmte Wette ab, daß es ihm ohne künstlerische Leistung gelingen würde, binnen zwei Jahren in der gesamten Monarchie berühmt zu werden. Er gewann mühelos, indem er an allen möglichen und unmöglichen Plätzen seinen Namenszug in zierlicher Antiqua anbrachte. Wie berühmt er wurde, beweist jener seltsame Fehldruck eines Programmheftes, wo das Städtische Orchester Olmütz eine »Benefiz-Aufführung der Symphonie No. 9 mit der Verthonung der Ode ›An die Freude‹ von Friedrich von Schiller, in Thöne gesetzt von Maestro Ludwig van Kyselak« ankündigt. Schließlich verbot ihm der Kaiser persönlich »bei Leibesstrafe, seinen widerlichen Namenszug noch irgendwo anzubringen«. Als Mahnmal jener denkwürdigen Audienz hinterblieb eine Akte des k. k. Erzhauses, betreffend die Erzherzogin Sophie, über die quer und von flinker Hand »Kyselak« gekritzelt wurde. Denn aus der Leidenschaft war eine Manie geworden, die zu guter Letzt dann auch noch kaiserlich privilegiert wurde. Noch 1948 half bei einem in der Datierung strittigen Fresko den Kunsthistorikern ein unter der Malschicht verborgenes »Kyselak« aus der Verlegenheit. Kyselaks Lebensabend jedoch war verbittert: den mit dem Schreiben seiner Memoiren Beschäftigten scheuchten immer wieder skrupellose Fälscher aus seiner Ruhe, und daher streiten noch heute österreichische Gelehrte, welche der zahlreich verstreuten Signaturen nun echt seien oder nicht.

MONARCHIE

Österreich ist seit 1918 Republik, und das wurmt den Großteil der Bevölkerung heute noch. Viele Hoteliers sprechen es in aller Öffentlichkeit aus: »Wieviele Touristen würden erst kommen, wenn wir heute noch einen Kaiser hätten.« Pech. Dafür haben wir Kaisersemmeln, Kaiserschmarren, die Kaiserjäger, den Kaiserwalzer, die Kaisergruft, noch immer Kaiserwetter, den Wilden Kaiser, die Kaiservilla und das Kaiserfleisch. Dieses wird aus Schweinen gewonnen. Wir haben keinen Hof mehr, aber bis ans Ende aller

Zeiten werden in Österreich Hofräte sprießen. Und da von allen Kaisern Franz Joseph das höchste Vorbild wurde (siehe dort), ist ein gewisses Maß an Beschränktheit für jeden Österreicher unerläßlich. Daher verzeiht man auch der Republik nicht so recht, daß es sie gibt. Ihre Todsünde war die Abschaffung der Adelsprädikate, weshalb gerade diese mit einer verbohrten Vehemenz gebraucht werden. Auch der Herr Bundespräsident dürfte es nicht wagen, dem Herrn Karajan das »von« zu unterschlagen. Nur bei einem Staatsbürger blieben auch die Sozialdemokraten hart: Otto Habsburg. Als er nach langem und lächerlichem Hin und Her endlich doch nach Österreich einreisen durfte, gab es sogar kleine Streiks. Aber der Wirbel hat sich schnell wieder gelegt; nicht einmal hartgesottene Gewerkschaftsfunktionäre sprechen diesen Namen heute ohne »von« aus. Es ist ein wahrhaft erhebender Anblick, wenn der leicht degeneriert lächelnde Ehrenbürger einiger hundert alpenländischer Gemeinden von sich verlegen windenden Bürgermeistern mit allen möglichen Bezeichnungen von »Durchlaucht« bis »kaiserliche Hoheit«, »Majestät« und sogar »Unser Kaiser« bedacht wird.

MOSER, Hans

Jean Julier hat er geheißen und den Wiener erfunden. Wer nur seine Filme sah oder seine unnachahmlich genuschelten Wienerlieder hörte, kannte ihn nicht. Er war, wie jeder große österreichische Komiker, der geborene Tragöde. Bis an sein Lebensende — und da war jene Generation schon längst gestorben, die ihn als Jungen gesehen hatte — stand er auf der Bühne und brachte nicht nur mich zum Heulen. Dabei machte er eigentlich nichts, aber *wie* er es machte! Mit ihm starb der Wiener Kleinbürger, die heute noch in Überfülle lebenden sind reine Plagiate dieses Schauspielers, der so populär war, daß über ihn mehr Witze existierten als über Politiker, und dem es deshalb passieren mußte, daß ihm oft keiner den Hans Moser glaubte. Da konnte er noch so laut in den Telefonhörer brüllen: »Ich bin wirklich Hans Moser, glauben Sie mir doch, ich hab' nur meine Geheimnummer vergessen!!!« Jener Beamte, den er so überzeugend spielte, blieb stur. Und Hans Moser war gekränkt, denn wie jeder Wiener Komödiant besaß er nicht einen Funken Humor.

NENNING, Günther

Er gibt das »Neue Forum« heraus und hat sich von Kreisky öffentlich einen Wurstel nennen lassen müssen. Er hat es sich gefallen lassen, und als er einen alten Nazi »Würstchen« nannte, wurde er deshalb zum Beifall der SPÖ verurteilt. Vielleicht ist er wirklich ein Wurstel — er, der Intellektuelle par excellence, der mit wahnwitzigem Mut katholisch und noch dazu Sozialdemokrat sein möchte, der idiotischerweise vor keinem Parteibüro kuscht und dann überraschend doch seinen Frieden mit den Institutionen macht. Jedenfalls sorgt Nenning immer für Aufregung, ob er sich nun spektakulär auf die Seite der »Neuen Linken« oder des alten Papstes schlägt, mehr nach Parteilinie oder nach Gewissen lebt. Und bei aller Unberechenbarkeit seiner Handlungen hat er etwas, das ihn von allen österreichischen Publizisten unterscheidet – Charakter.
P.S.: Das wurde vor sechzehn Jahren geschrieben. Mittlerweile wurde G.N. aus der SPÖ ausgeschlossen und sogar aus der von ihm lange präsidierten Journalistengewerkschaft. Er ist nun ein fröhlicher Öko, sanftrot. Und sonst gibt es nichts zu berichtigen.

PRATER, Der

Er gehört zu den »Visitenkarten« Österreichs, legendenüberwuchert und von zahlreichen Wienerliedern in einen ihm gar nicht passenden Dreivierteltrhythmus geschaukelt. Aber wenn man dann hinkommt, gibt es ihn gar nicht mehr. Er wurde ein Kriegsopfer, das einzige unersetzbare, von der abziehenden SS zusammengeschossen, die damals jede Geisterbahn bis auf den letzten Mann verteidigte. Was nach gelungen planvollem Wiederaufbau anstelle des Praters entstand, ist ein drittklassiger Rummelplatz. Das alte, kinderselige Chaos wurde es nicht mehr, wenn auch die Bäume schon so groß geworden sind, daß sie ab und zu wieder blühen. Das ganze fängt an mit dem Riesenrad und endet beim Trabrennplatz und den Künstlerateliers mit den gestrüppdurchwucherten Jagdrevieren kleinerer Nutten und größerer Strichjungen. Dort keucht und quietscht es in den Gebüschen tags- und nachtsüber, je nach Laune und Wetter. Aber auch zwischen den strahlenden Flipperpalästen, den qualmenden Go-Cart-Pisten und polternden Autodromen herrscht — freilich diskreter — der Betrieb des

Triebs. Dann liegt in irgendeiner finsteren Ecke irgendeiner auf dem Boden, und die stets paarweise herumstreunenden Polizisten kommen erst beim dritten Rundgang auf die Idee, hier könne es sich nicht um Alkohol handeln, sondern um einen Bauchstich. Bei solchen bedauerlichen Vorfällen interessiert dann vor allem, ob eine Wohnung freigeworden ist. Im Frühjahr aber hat der Prater seine große Zeit. Da strömen dann, von scheußlich aufgeputzten Fiakern angekarrt, die Firmlinge der gesamten Provinz zusammen, lassen kein einziges Ringelspiel aus und kotzen schließlich verklärt die Ingredienzien ihres Ehrentages auf die wichsleinernen Kutschenbänke.

QUALTINGER, Helmut

Sein »Herr Karl« wurde als einmalige Kabarettleistung bewundert. Es war aber die ernsthafteste Form von Zeitgeschichtsschreibung, deren Österreich fähig ist. Als »Quasi« wurde er eine österreichische Institution, an Popularität vielleicht Hans Moser vergleichbar, nie jedoch beliebt. Man fürchtete ihn, denn das Unheimliche, das jeder Österreicher in sich trägt, funkelt bei ihm stets durch wie die Warnlichter einer Geisterbahn im Prater. Qualtinger stellt keine Gestalten dar, er ist immer eine: fett, ja geradezu amorph, von einem lässigen Sadismus, der genau weiß, was Zeit ist, von einer offensichtlich heimtückischen Bösartigkeit, die unbarmherzig Freund und Feind niederstreichelt. Und das Schlimmste ist: er ist selbst so.

Nachtrag aus trauriger Gegebenheit: Die letzten Jahre war es um ihn still geworden, und auch er hatte sich rar gemacht. In sämtliche Schlagzeilen kam er nur noch einmal, Herbst 86 und aus Anlaß des schlechten Gewissens der Überlebenden. Nun erkannten auch die letzten Feuilletonisten eine Größe, vor der sie beflissen weggeguckt hatten und die ihn selbst erschlug, seinem Vorbild Orson Welles auch hier treu. Seine letzte Rolle war ein Kellermeister und Ketzer. Dessen Wut darüber, was er an Wut versoff, und sein Haß auf die Etablierten, Selbstgerechten waren nicht gespielt.

SALZBURG

»Hier mußte Mozart geboren werden«, schrieb Hofmannsthal, als man bereits die devisenträchtigen Festspiele plante. Fest steht nur, daß er hier unglücklich werden mußte. Humboldt zählte es zu den schönsten Plätzen der Erde, was für die Salzburger ein Grund ist, schamlos wertvolle Baudenkmäler abzureißen. Man soll diesen Außenposten italienischen Bauwillens im Winter besuchen, wenn sich die schönen Brunnen und Figuren in häßliche Holzkisten zurückgezogen haben, die verwegenen Trachtenanzüge der Ausländer verschwunden sind und nur die wenigen echten Salzburger über die plötzlich zu groß gewordenen Plätze und zu breit gewordenen Gassen geistern. Dann ist Salzburg schön, eine Unendlichkeit von der Welt und unserem Jahrhundert abgelegen, was sich vor allem in der Mentalität der Bevölkerung zeigt, und die störenden Neubauten wirken höchstens wie eine Flammenschrift an einer Wand, die noch viel zu weit entfernt ist, um ernst genommen zu werden. Dann liegt kein Mozart in der Luft und noch weniger die von Karajan transplantierten Verdi und Wagner, sondern höchstens das verkniffene Lächeln launenhafter Fürsterzbischöfe des Frühbarock, die ihren Maitressen zuliebe etwas Welt in diese kleinbürgerliche Idylle bringen wollten. Sobald aber die ersten Bäume Knospen ansetzen, tauchen inmitten der weltabgeschlossenen Mauern, wie Pilze nach einem warmen Regen, durch die Agrarkrise entwurzelte Sennen auf, um die ebenfalls eintrudelnden Touristen mit kundiger Hand zu melken.

SELBSTMORD

Einige Zeit führte Wien mit stolzem Abstand in den internationalen Listen. Psychiater zerbrechen sich gemeinsam mit Psychologen seit Jahren um dieses Phänomen den Kopf, ohne zum Kern dieser bitteren Nuß gekommen zu sein. Die Todesursache »Lebensüberdruß« klingt lächerlich, aber wie leicht gangbar ist ein Steg ins Unbekannte für jemanden, der seit frühester Kindheit die Devise »Verkauft's mein G'wand, ich fahr' in Himmel« vorgesungen bekam. Die vor dem Selbstmord aufgebauten Tabus sind dünn wie spanische Wände, sie geben bereits nach, wenn man dagegen bläst. Der Österreicher (und hier wollen wir einmal annehmen, es gäbe ihn, wie »den« Bayern oder »den« Preußen) ist von Natur aus schwerblütig und jeder Witz nur eine Umsetzung der Gütersloh'schen Erkenntnis, daß Lachen ein gut ausgetrocknetes Weinen ist. Tod durch Selbstmord gilt nicht als »anomal«, da regt man sich über Krebs viel mehr auf. Und so wundert in Österreich niemanden die erschreckende Zahl der Intellektuellen, die irgendwann »einmal Schluß machten«, von Raimund über Georg Trakl, Stefan Zweig, Egon Friedell, Otto Weininger, Egon Schiele und Richard Gerstl bis zu Konrad Bayer, Kurt Ohnsorg und Gerhard Fritsch. Was soll's? »Wär' eh (= ohnedies) nicht mehr g'wachsen«, ist der teilnahmsvollste Kommentar, den man erwarten kann. Nur auffallen soll man nicht dabei, und demonstrativ soll es auch nicht sein. Man stirbt sich einfach, vor allem als Rentner oder Rentnerin, sofern man nicht in einer »Lebensgemeinschaft« gerade noch vor Torschluß zueinandergefunden hat, und dann vorzugsweise am Heiligen Abend, wo man zu einem Schalerl Kaffee das Gasrechaud aufdreht.

SITTLICHKEIT

Österreich lieferte die Mutzenbacher und liefert die neuen filmischen Sex-Schinken. In Österreich selbst darf man dergleichen natürlich nicht sehen, und wenn, dann nur so beschnitten, daß die Kinos bayerischer Grenzorte durch den Besucherstrom aus Österreich saniert werden. Denn die österreichischen Gesetze sorgen mit einer für Europa einmaligen Strenge dafür, daß ja kein verirrter Spritzer der Sexwelle auf rot-weiß-rotes Territorium schwappt. Im Innenministerium wacht ein sogar für Wiener Verhältnisse gewaltiger Beamtenapparat darüber, daß jede beispielsweise von Illustrierten importierte Brustwarze mittels schwarzer Querbalken unschädlich gemacht wird. Der Andrang nach diesen Planposten ist enorm, zumal sie angeblich nach Verklemmtheitsgraden vergeben werden und sich folglich neun Zehntel aller Österreicher mit Recht berufen fühlen. Viele werden auch auserwählt, die dürfen dann ihre vom ständigen Schnüffeln in fremden Mösen leicht deformierten Nasen in all jene gefährlichen Journale stecken, die sie mit schöner Regelmäßigkeit indizieren, mal »pardon«, regelmäßig »konkret« und ab und zu irrtümlicherweise und bei allem Verständnis für die politische Grundlinie auch »Quick«. Da man besonders auf diesem Gebiet den Föderalismus pflegt, hat auch jede Landesregierung ihre »Schmutz-und-Schund-Stelle«, da kommen dann zeitweilig selbst »Twen« und »Jasmin« zu jugendgefährdenden Ehren. Da aufgrund Metternichscher Ansichten in den Augen heutiger Gesetzgeber der Mensch nie mündig wird, besagt der Ausdruck »jugendgefährdend«, daß man auch Erwachsene nicht an dieses Gift läßt. Glücklicherweise besteht nicht die geringste Gefahr, sich durch Prüderie lächerlich zu machen, denn Justiz und Presse sind in diesen Fällen stets der gleichen Meinung und registrieren höchstens dankbar, wenn ab und zu ein lebender oder bereits toter Künstler wegen Pornographie vor den Kadi kommt. Warum haben auch der Klimt oder der Schiele solche Sauereien gemacht? Und die ausländische Presse hat sich überhaupt nicht in österreichische Angelegenheiten einzumischen, wie sämtliche Wiener Zeitungen einmütig feststellten, als ein Klimt-Band indiziert wurde.

Die österreichische Sittlichkeit ist gesetzlich geschützt, und in Vorarlberg dürfen nicht einmal Kleinkinder »ohne anstandsgemäße Kleidung (Buben: Badehose, Mädchen ebenfalls, ab 6 Jahren jedoch Badeanzug) baden«. Dafür liegt dieses Bundesland auch mit beeindruckendem Abstand an der Spitze der in Österreich überaus zahlreichen Sittlichkeitsdelikte.

SKANDALE, unendliche

Was wäre die Alpenrepublik ohne sie, und wenn sie nicht gleich in Staatstheatern stattfinden, werden sie als Staatstheater inszeniert. Da wurde z. B. für ein paar Milliarden ein Allgemeines Krankenhaus gebaut, um dabei etliche Milliönchen zur Seite zu schaffen, und das mußte ein paar Jahre gefeiert werden, da sich dem Bau sonst kein Nutzen abgewinnen läßt. Zu gedenken sei auch des Hannes Androsch, der als Finanzminister mit dem Steuerrecht in Konflikt geriet, oder oder und und und. Ob nun in der Staatsindustrie ein paar Milliarden fast spurlos versickern oder Schwarzkonten eines Politikers ans Licht kommen – es wird lange und breit berichtet, wird genossen und regt niemanden auf. Und ändern wird sich erst recht nichts. So ist das eben. Der Umgang mit öffentlichen Mitteln war stets von Unbekümmertheit geprägt, Korruption – »sich's richten« heißt das hier – als nationale Tugend anerkannt, und wer die Hände frei hat von Schwarzgeld, werfe den ersten Stein.

SOLIMAN, Angelo Wenzel

Er war der Großvater des Dichters Moritz Graf Feuchtersleben. Außerdem war er ein Mohr. Ein adeliger, also — wie Herzmanovsky feststellte — »ein Spanferkel unter den gekrönten Häuptern«. Von Piraten geraubt, wurde er in zarter Jugend nach Wien verschachert und von Kaiserin Maria Theresia im Tausch gegen ein Porzellanservice erworben, anschließend getauft und Hofbeamter. Das Leben des Günstlings, der immerhin mit Lessing und Sonnenfels auf vertrautem Fuß stand, wurde durch einen Passus im Testament der Kaiserin verdüstert, der schlicht und einfach besagte, Angelo Soliman sei nach dem Tode auszustopfen und der kaiserlichen Naturaliensammlung einzuverleiben. Sosehr der von diesen Aussichten sichtlich gequälte Höfling sich auch bemühte, dem ihm zugedachten Nachleben zu entrinnen — weder der Heilige Vater noch der Deputiertenausschuß zu Regensburg noch das Reichskammergericht zu Wetzlar hatten für ihn mehr übrig als ein mitleidsvolles Achselzucken. Kaiserlicher Letzter Wille blieb kaiserlicher Letzter Wille, und so betrat am Morgen nach seinem verbitterten Lebensabend der Hofabdecker mit Gesellen das Trauerhaus und überreichte einige Tage später dem Direktor des Naturalienkabinetts die kammerherrliche Mumie, säuberlich mit Frack und Ordensband ausgestattet. So aber paßte das Exemplar nicht in die Sammlung, weshalb es der Hofbildhauer Thaller auf eine mehr das afrikanische Nationalelement betonende Weise ummodellierte. Daher stand der hohe Würdenträger des k. k. Hofes mit Pfeil und Lendenschurz auf einem wackeligen Postament, an welchem die trauernde Witwe alljährlich zu Allerseelen eine Kerze anbringen durfte, mißtrauisch beäugt von zwei Hofpompiers, die mit umflorten Spritzen die feuergefährliche Zeremonie beobachteten. Als Angelo Soliman schon reichlich unansehnlich geworden war, stellte man ihn in das Depot auf dem Dachboden der Hofburg und beschied die händeringende Witwe mit der Erklärung, daß man dieses seltene Stück ja nicht so ohne weiteres ausregistrieren könne. Leider fiel es aber dort den Franzosen in die Hände, die damit solche Schindluder trieben, daß man die ihrer Sägespäne entseelte Kammerherrenhülle nur mehr in den Mülleimer werfen konnte, unter gleichzeitiger Abhaltung einer Seelenmesse für die Witwe, die sich aus Verzweiflung aus dem Fenster gestürzt hatte.

STEFFL, Der

Allen, die schon viel von Wien gehört haben, also hoffnungslos irregeleitet sind, muß endlich einmal klar gemacht werden, daß es sich bei diesem ominösen Namen um einen Turm handelt, der einer Kathedrale zugehört, die wiederum Stefanskirche heißt. Mehr noch als die Kapuzinergruft ist dieses Bauwerk das Herz Österreichs, dementsprechend etwas düster und reichlich mit Dämonen, Lemuren und anderem Fabelgetier der perversesten Gotik garniert. Die Stefanskirche ist kein Gotteshaus, eher ein Denkmal, das sich Österreich selbst errichtet hat, am Eingang bekrönt mit symbolischen Genitalien monströser Größe. Alle Fremden suchen die Kirchenwände danach ab und übersehen sie meist, da sie so augenfällig dastehen. Dafür trösten sie sich dann mit den anderen kunsthistorischen Sehenswürdigkeiten. Was der spitze Turm in Wahrheit für den Österreicher bedeutet, kann nicht ausgesprochen werden, nur soviel sei verraten, daß ein echter Österreicher von ihm gezeugt werden muß, bei besonderen Echtheitsgraden anschließend noch von einem Backhendl ausgebrütet.

STILLE NACHT

Sinket auf die Knie und danket Österreich für dieses Lied. Es ist Österreichs Beitrag zum Funktionieren der Wirtschaft, denn welche sparsamkeitsverhärtete Konsumentenseele wird nicht durch diese schlichte Melodie zu ungeahnter Kaufgier aufgestachelt? Es ist zweifellos das bekannteste Lied der Welt, die Hymne einer einzigen Nacht, in der jeder, der es sich leisten kann, einmal alle Diätvorschriften mißachtet. In einer kleinen, längst abgerissenen Dorfkirche, von einem Lehrer und einem Pfarrer geschrieben, wurde es das erste Mal gesungen, und da klang es bestimmt anders als in der grandiosen Fassung Bing Crosbys. Hätten sich die Beiden träumen lassen, daß ihr Lied einmal die Kennmelodie globaler Fressereien, Geschenksprotzereien und Scheinkittungen zerborstener Familien würde, sie hätten sich zweifellos am Umsatz beteiligen lassen. So aber starben sie verarmt und vergessen, und kein deutscher Kaushausherr kam bisher auf die Idee, ihnen ein Denkmal zu setzen. Nur ein Fall ehrlicher Würdigung ist mir bekannt, und den konnte ich bisher nicht überprüfen: eine in den USA hergestellte Registrierkasse, deren harmonisches Geklingel sich zur Weihnachtszeit nach der Melodie dieses Liedes vollzieht.

ST. PÖLTEN

Laut Anton Kuh zerfällt Österreich in eineinhalb Millionen Wiener und fünf Millionen St. Pöltner. Das ist natürlich eine grobe Verallgemeinerung, denn es gibt — streng voneinander getrennt und eng miteinander verfeindet — Niederösterreicher, Oberösterreicher, Burgenländer, Steirer, Kärntner, Salzburger und Tiroler. Vorarlberger gibt es auch, aber die gehören nicht eigentlich dazu, wollten sie ihr Land doch schon zweimal der dankend ablehnenden Schweiz angeschlossen wissen. Und bei den Niederösterreichern gibt es wieder die Steinfelder, die Marchviertler, die Mostviertler, die Waldviertler und so weiter und so weiter, dahingegen bei den Oberösterreichern . . . Genug! St. Pöltner sind sie alle. Wie München die heimliche Hauptstadt Deutschlands ist St. Pölten... Allen, die es nicht für möglich halten sollten, sei an dieser Stelle gesagt, daß es St. Pölten im Unterschied zu anderen österreichischen Attraktionen wirklich gibt. Dafür wird es nicht einmal von den Einwohnern dieses unglücklichen Städtchens für eine gehalten. St. Pölten ist weniger Stadt als Zustand, und der scheint so schlimm zu sein, daß die Mehrzahl der Bevölkerung jeden Morgen nach Wien auswandert, um am Abend mit der beruhigenden Gewißheit zurückzukehren, daß auch die Wiener schließlich nur St. Pöltner seien.

THEO, Der Herr

Er stehe für alle da als Prototyp, obwohl es ihn wirklich gab. Österreich ist nicht nur der Herr Karl, sondern auch der Herr Theo, jener legendäre Kaffeehausober, der nicht unbedingt als Ober oder in einem Kaffeehaus auftreten muß. Sobald er aber zu seinem Charakter auch noch den Beruf ergreift, ergibt sich eine atemberaubende Vollendung. Ein »Ober« ist nämlich beileibe kein Kellner, sondern eine Vertrauensperson. Und der Herr Theo war das für nahezu alle Künstler Wiens. Im Café Hawelka förderte er durch ein großzügiges Anschreibewesen die österreichische Nachkriegskultur. Privat war er ein sehr, sehr schlimmer Nazi und blieb es auch, als er ein eigenes Kaffeehaus hatte und dort die zerzauste, langhaarige Neue Linke väterlich förderte. Das von ihm geführte »Savoy« wurde eine Wärmstube und ein Heimatersatz für all jene, die er privat immer noch zu vergasen empfahl. Er selbst empfand sein Verhalten nie als paradox, sondern in seiner Schizophrenie höchstens österreichisch. Als fanatischer Nazi starb er dann auch, heiß betrauert von Kommunisten, Anarchisten, Gammlern und entarteten Künstlern.

VORURTEILE

Keiner, der daraufhin angesprochen wird, hat welche. Keiner hat keine. Jeder raunzt, welche im Ausland über diesen neun Bundesländer großen Irrsinnsanfall der Schöpfung kursieren, jeder trägt dazu bei, daß sie nicht aussterben. Da kann man halt nichts machen, und daher bemüht sich jeder Österreicher, die ihm lästigen Vorurteile des Auslandes mit lebensprallen Tatsachen zu erfüllen. Gemütlichkeit gehört dazu, auch der nicht einmal in Spurenelementen feststellbare Humor, die Walzerseligkeit, die Salzburger Nokkerl und steirischen Kröpfe, der Raunzer und der Jodler, die Wienerin und die Staatsoper, der Heurige und die Ewiggestrigen. Lauter Schmäh'*. Aber wer kann schon ohne sie leben? Journalisten vielleicht? Nicht jene des Auslandes, vielmehr die eigenen tragen dazu bei, die stets mit sich selbst zerfallenen Österreicher zu einem Volk zusammenzuhalten. Auch ich habe zahlreiche und finde das nicht einmal so schändlich. Da ich mir über nichts ein kompetentes Urteil zutraue, warum soll ich dann nicht wenigstens ein kleines, stabiles Vorurteil haben. Es regelt den öffentlichen Verkehr und den privaten Seelenfrieden, es hält warm und kostet nichts. Und — das können Sie alle meine Kollegen fragen — man kann es so herrlich zu Buchform binden. Gönnt den Österreichern ihre Vorurteile, Charakter haben sie ohnehin keinen!

* Das Wort ist gottseidank unübersetzbar. Es ist die magische Geheimformel des österreichischen Wesens. Es einfach mit »Unwahrheit« gleichzusetzen, wäre oberflächlich. So ungenau es der Österreicher mit der Wahrheit nimmt, so pedantisch unterscheidet er zwischen den verschiedenen Gattungen der Lüge. »Schmäh« ist jene, über die alle Partner ohnedies Bescheid wissen. Nur ahnungslose Ausländer fallen darauf herein und verwechseln ihn dann mit »Charme«.

WALDHEIMSCHES SYNDROM, das

Eine spezifisch österreichische Geisteskrankheit, die aufgrund eines prominenten Falles nun exakt und klinisch beschrieben werden kann. Sie beginnt mit partiellen Gedächtnisverlusten, die ihre Ursache in Karrieresehnsüchten haben. Im Verlaufe der Krankheit bilden sich durch diese und die Versuche, die Lücken passend zu füllen, ganze Kollektionen von Biographien, von denen jedesmal die passende als endgültige abgerufen wird. Parallel dazu entsteht ein Hang zu wahrhaft peinlicher Genauigkeit – beispielsweise über die Frage, ob man nun selbst bei der SA war oder nur das Pferd, das man dort geritten hat –, verbunden mit atemberaubender Moral-Equilibristik, die es gestattet, den antisemitischen Affen Zucker zu geben und Auswüchse des Antisemitismus geziemend zu bedauern. Niemand möge dies für Opportunismus oder gar krankhaften Karrierismus halten, obwohl man damit zur UNO und auch in Österreich ganz schön weit kommen kann. Es handelt sich auch nicht um eine individuelle Erscheinung, höchstens um eine Inkarnation. Kein Nazi, der nach dem Krieg nicht ein verhinderter Widerstandskämpfer war und sich dann, als es bergauf ging, wieder eine gesunde Bräune zulegte. Außerdem pöbelte ja nicht Waldheim gegen »die Juden«, sondern nur die Seinen, vereint hinter dem Slogan »Wir Österreicher wählen, wen *wir* wollen!« So geschah es dann auch, und allen, die sich eines solchen Präsidenten schämen, muß nachdrücklich gesagt werden: Endlich, endlich ist die überwältigende Mehrheit der Alpenrepublik voll und würdig repräsidiert.

Die Personifikation des übermütigen Österreichs, den Deutschen Michel demütigend und dem Abgrund zutreibend. Mittelalterlicher Holzschnitt.

Otto Seitz

NACHWORT

Stets schon war das deutsche Volk ein solches ohne Raum. Nur ein einziges Mal erhob es die Waffe gegen seinen südöstlichen Nachbarn, nicht um zu expandieren, sondern allein, um die Grundlagen zur langentbehrten nationalen Einheit zu legen. Die Folgen sind bekannt: Aufgrund seiner mit dem österreichischen Erbfeind eingegangenen Nibelungentreue verlor es die so dringend benötigten Kolonien, das blühende Lothringen und einiges andere, und infolge des österreichischen Regimes wurde jüngst auch noch das ehemalige Kolonisationsgebiet im Osten unwiederbringlich verschachtert. Es mutet wie ein Witz der Geschichte an, daß einer dieser Reichsverkäufer ausgerechnet in Österreich seinen »Sommersitz« hat, als welcher sich zweifellos eine finstere Verschwörerzentrale tarnt, die unseren Restausverkauf zu Schleuderpreisen beschließt.
Ohne Raum hockt seither das deutsche Volk da. Enge, übervölkerte Großstädte werden zu Treibhäusern des Lasters, ehemals blühende Kartoffelfelder veröden zu gewinnträchtigem Bauland, und da wir als Volk ohne Raum unseren Dreck nirgendwo anders abladen können, wird das Problem unserer Umweltverschmutzung zur Geißel kommender Generationen. Der einstmals strahlende Rhein ist heute eine trübe Kloake, während die Wiener ihre Donau immer noch blau halten.
Denn auf dem gedrängten Volk der Deutschen hocken, Druden und Vampiren vergleichbar, die Österreicher. Kein Platz an der Sonne, wo nicht bereits eine unbarmherzige lächelnde Ausgeburt des Doppeladlers sich verbreitet, wie die Erbsünde ständig neue Österreicher nach sich ziehend. Sie tarnen sich, als harmlose Kellner, spintisierende Literaten, heitere Künstler, unschuldige Nutten, soignierte Geschäftsleute, und nur wenn sie von ebenso unverdächtig Aussehenden ein »Gehn'S' hör'n S'« hören, lassen sie ihre Masken fallen und stammen plötzlich aus St. Pölten.
Woran soll man sie erkennen?
Den Agenten der gelben Gefahr verrät sein schlitziges Auge, den roten Subversanten enttarnt sein ärmliches Äußeres oder die ideologismische Sprache.
Einen Amerikaner erkennt man stets an den leicht ruhelosen Kaubewegungen, welche seltsamerweise so sehr in das Unterbewußtsein dieses unbekümmerten Völkchens gedrungen sind, daß sie auch

ohne auslösenden Kaugummi stattfinden, — spätestens wenn es den Mund aufmacht.
Beim Österreicher entfällt diese heilsame Sprachbarriere. Die gemeisame Sprache liefert uns schutzlos aus; höchstens an ihren Diminuitiven könnt Ihr sie erkennen, aber auch das gilt nicht unbedingt, denn viele Bundesbürger, die zuviel mit Österreichern in Berührung kommen, beginnen in gefährlicher Fehleinschätzung dieser gar nicht komischen Dialektform ebenfalls zu wienern.
Der Österreicher schleicht sich ein. Tückisch zieht er beim Überschreiten des Inn seinen Gamsbart ein — er trägt ihn ohnedies inwendig, und auf das bisserl, was herausschaut, kommt es nicht an — und fällt über das arglose deutsche Volk her. Dieses wiederum fällt auf ihn herein, und ehe es sich wieder aufrichten kann, sitzt er da, angesehen, anerkannt, unausrottbar.
Was tun? Vielleicht sollte man sie kennzeichnen. Angeblich hat die bayerische Staatsregierung geplant, echte Zuchtbayern durch ein weißblau gerautetes Brandmal am Allerwertesten über die Allgemeinheit zu erheben. Ähnliches wäre beim Österreicher schon wieder unmöglich, denn ehe man noch genau feststellen könnte, wo bei ihm derjenige ist, wären schon wieder hunderttausend über die Grenzen geströmt.
Sollte man Kaffeehäuser einrichten? Wer in sie strömt, ist verdächtig. Doch würde man, infolge Fehlens nationaler Selbstbesinnung bei Bürgern der BRD, zweifellos viele Unschuldige miterwischen. Ein erster wirkungsvoller Schritt wäre die Schließung sämtlicher Kulturinstitute. Damit würde einer beträchtlichen Anzahl Österreicher das Handwerk gelegt. Doch kann man sicher sein: auch überall sonst, wo etwas zu holen ist, werden Österreicher auftauchen.
Wir müssen einsehen, daß es unmöglich ist, jenes Volk soweit zu kennzeichnen, daß man es eliminieren könnte, und noch unmöglicher, es zu eliminieren.
Es bleibt also nur die ehrenhafte und verzweifelte Kapitulation. Wer es in der Bundesrepublik heute noch zu etwas bringen will, wird gut daran tun, sich mit den Österreichern gut zu stellen. Erschlagen kann man sie nicht, wohl aber zu Tode streicheln. Denn wenn Österreicher etwas nicht vertragen, dann ist es unumschränkte Anerkennung oder gar eigene Zufriedenheit. Wenn sie über nichts mehr raunzen können, gehen sie ein. Sorgt dafür, daß dem so werde! Es ist die einzige Rettung von der österreichischen Gefahr, die ich im gegenwärtigen Augenblick für die Bundesrepublik sehe.

Eines trüben Tags, als ich wirklich nichts Böses dachte, hielt ich einen Brief des Verlegers in der Hand, von dem ich schon sehr lange nichts mehr gehört hatte: »... sollte man nicht die Gunst der Stunde nutzen und die ÖSTERREICHISCHE PROVOKATION aufleben lassen? Nicht alles ist heute noch so witzig wie damals ...«
Der Verleger ist ein ganz lieber, einer von der alten Schule. Da kann man schlecht sein sagen. Und dann nimmt man das bewußte Buch in die Hand ... Wie nimmt man ein Buch in die Hand, das man vor sechzehn Jahren geschrieben hat? Zwischen dem und der Gegenwart elf ganz andere Bücher liegen, ernste, gewichtige? Da kann man wieder das Phänomen Zeit erleben. Was gab das damals in Österreich für eine Aufregung, quer durch alle Coulerus, und die wildesten Aufschreie habe ich wie Urkunden gehortet. Jetzt, wo ich all das wieder lesen muß ... Tja, nicht alles ist heute noch so witzig ...
Nun gut, ich darf streichen. Wo die Patina offensichtlich wird, gibt's dicke Striche. Tünche, die alles frischmachen soll. Und Neueres? Ach ich habe doch schon längst eine ganz andere Sprache. Das weiß der Verleger nur nicht, weil er von mir nichts mehr gelesen hat. Ob ich das hinkriege? Zuletzt war's was über »Organisierte Kriminalität«, in der BRD. Da habe ich auch Österreich ausführlich würdigen können, nicht nur wegen seines Bankensystems und der Bereitschaft, in schmutzigen Polizeimethoden beim Nibelungen-Schulterschluß gerne ein bißchen vorzudrängeln. Und derzeit versuche ich einen Wälzer über Infantilität in der Politik. Auch dafür liefert das deutsch-österreichische Syndrom bezaubernde Fallstudien. Und als Nächstes möchte ich eine Kulturgeschichte der Bürokratie schreiben ... Ach, wie einfach war das damals alles! War Sedlmayers einst beklagter »Verlust der Mitte« wirklich Österreich, diesfalls?

Nun lebe ich schon viele Jahre überall anderswo als dort, und mein Heimweh hält sich in Grenzen. Gelegentlich fahre ich hin, ein paar immer weniger werdende Menschen besuchen, staune, wie die größten Trottel aus meiner Schule die aufregendsten Karrieren gemacht haben, amüsiere mich über die knarzende Idylle, die zum laufenden Veranstaltungsprogramm gehört, und reise fröhlich wieder ab. Vielleicht werde ich bald zum Professor h.c. ernannt – vom Alter her bin ich demnächst dran, aber österreichischen Blättern

gelte ich schon seit Jahren als »deutscher Schriftsteller«. Der Stallgeruch, der auch Ehren bringt, ist weg.
Und da liegt nun wieder dieses kleine, alte Buch vor mir. Sechs Jahre, nachdem's gedruckt war, wurde es in Österreich wiederentdeckt und kapitelweise in einer Werbezeitschrift der Stadt Wien abgedruckt. War's plötzlich anständig geworden? Auch das kann ich nicht herausfinden, aber ich freue mich über alles, was sich noch halbwegs frisch liest. Dabei hat mir natürlich Österreich sehr geholfen: Wien bleibt Wien, und das gilt nicht nur für Wien. Man gedenke nur unserer Republik: Wollte man bei Ersterscheinen dieses Buches noch »mehr Demokratie« wagen, segeln wir schon längst wieder in den Wellen der neuen deutschen Miefigkeit. Sowas kann einem in Österreich nicht passieren, da sind selbst Nestroys Seufzer noch aktuell. Ist das nicht fast schon liebenswert? Vor allem, wenn man als Autor nicht allzuviel ändern muß?
So nehmt denn diesen kleinen alten Scherz, als wär's ein (fast) neuer. Bayern hat Strauß, Österreich Waldheim – weiß Gott auch nichts Neues, aber die Realsatire nimmt eben kein Ende. Dieses Buch nimmt sich seines hier. Alles Liebe!

Hamburg, September 86

Der Verfasser